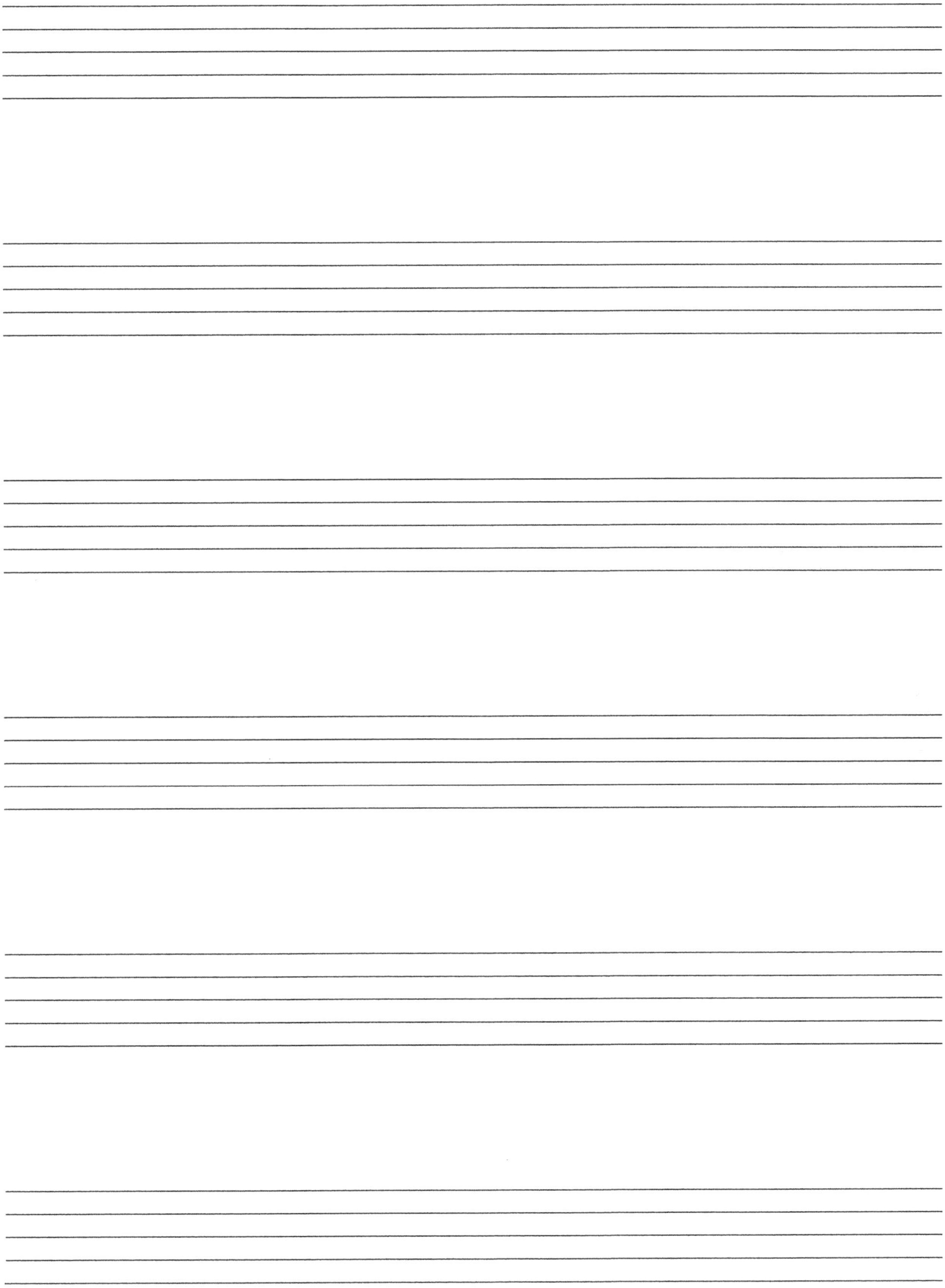

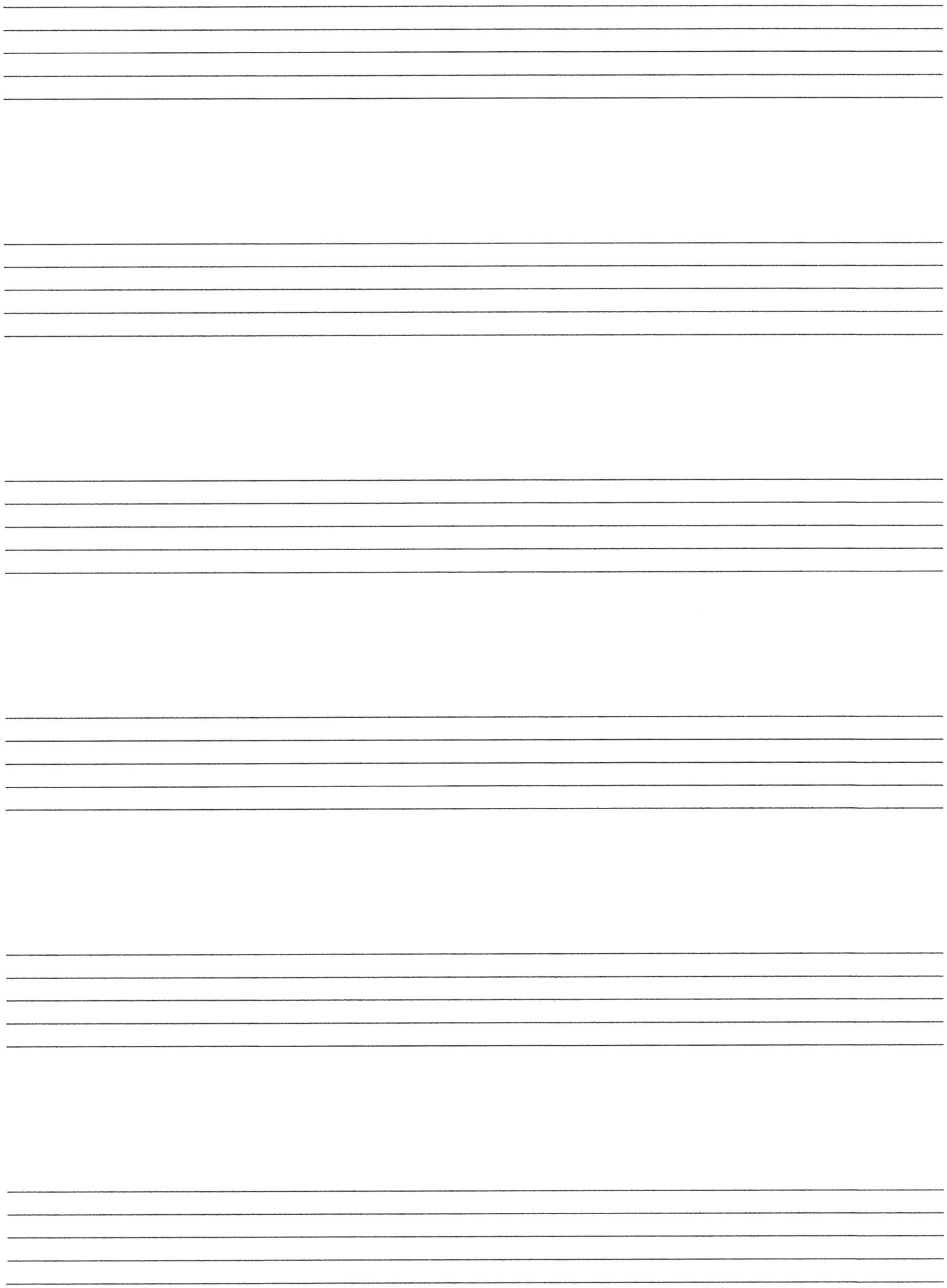

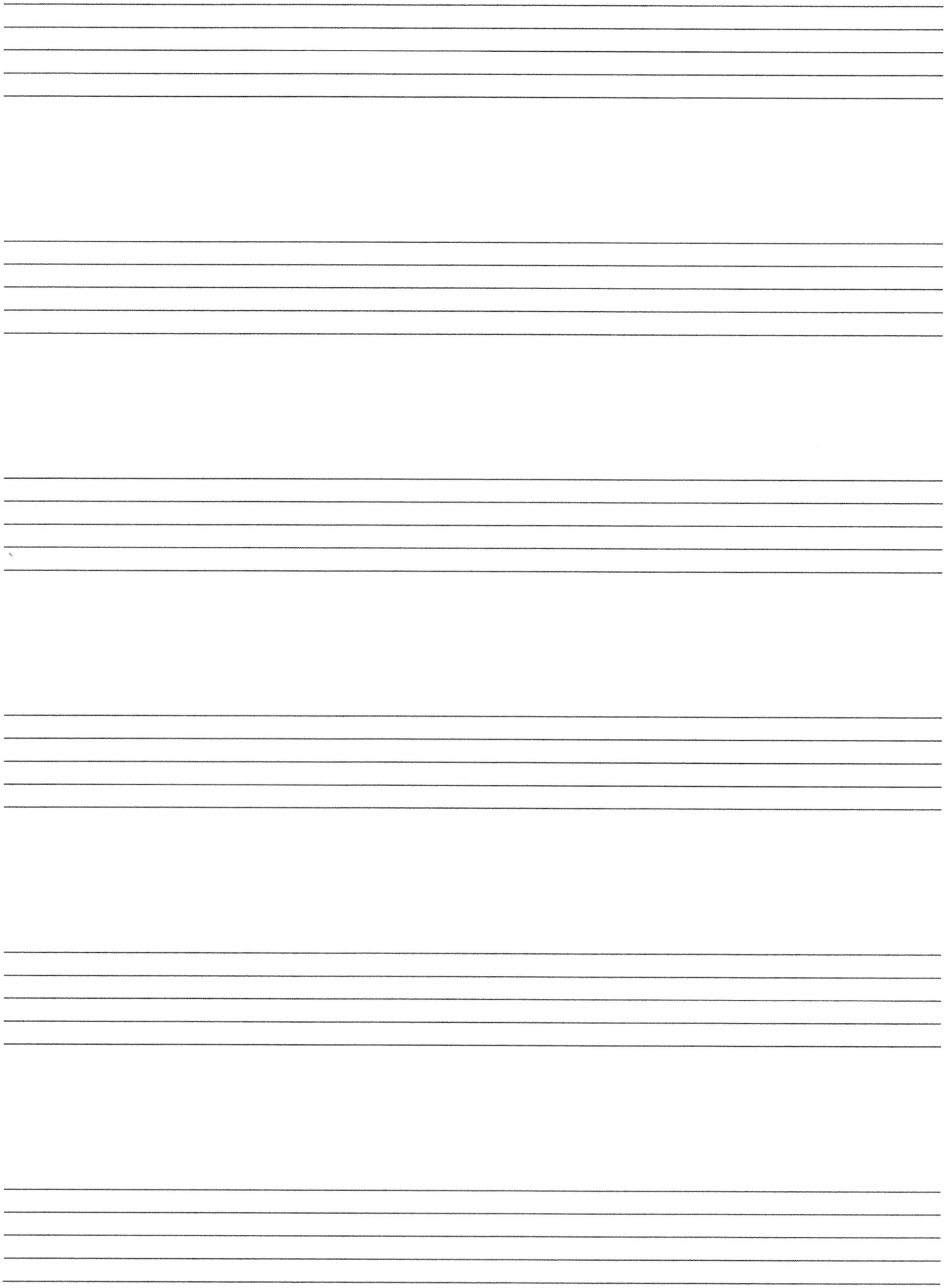

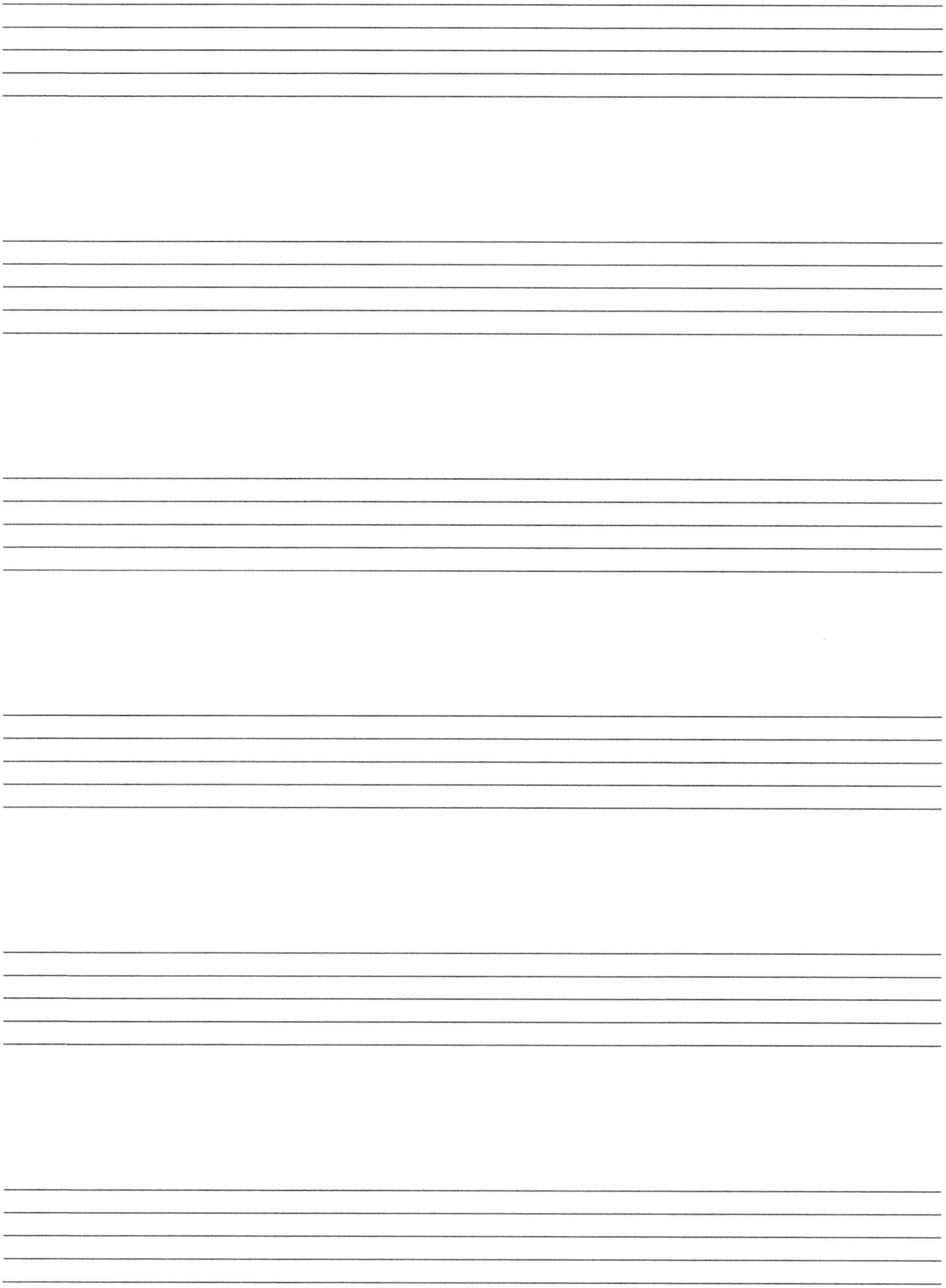

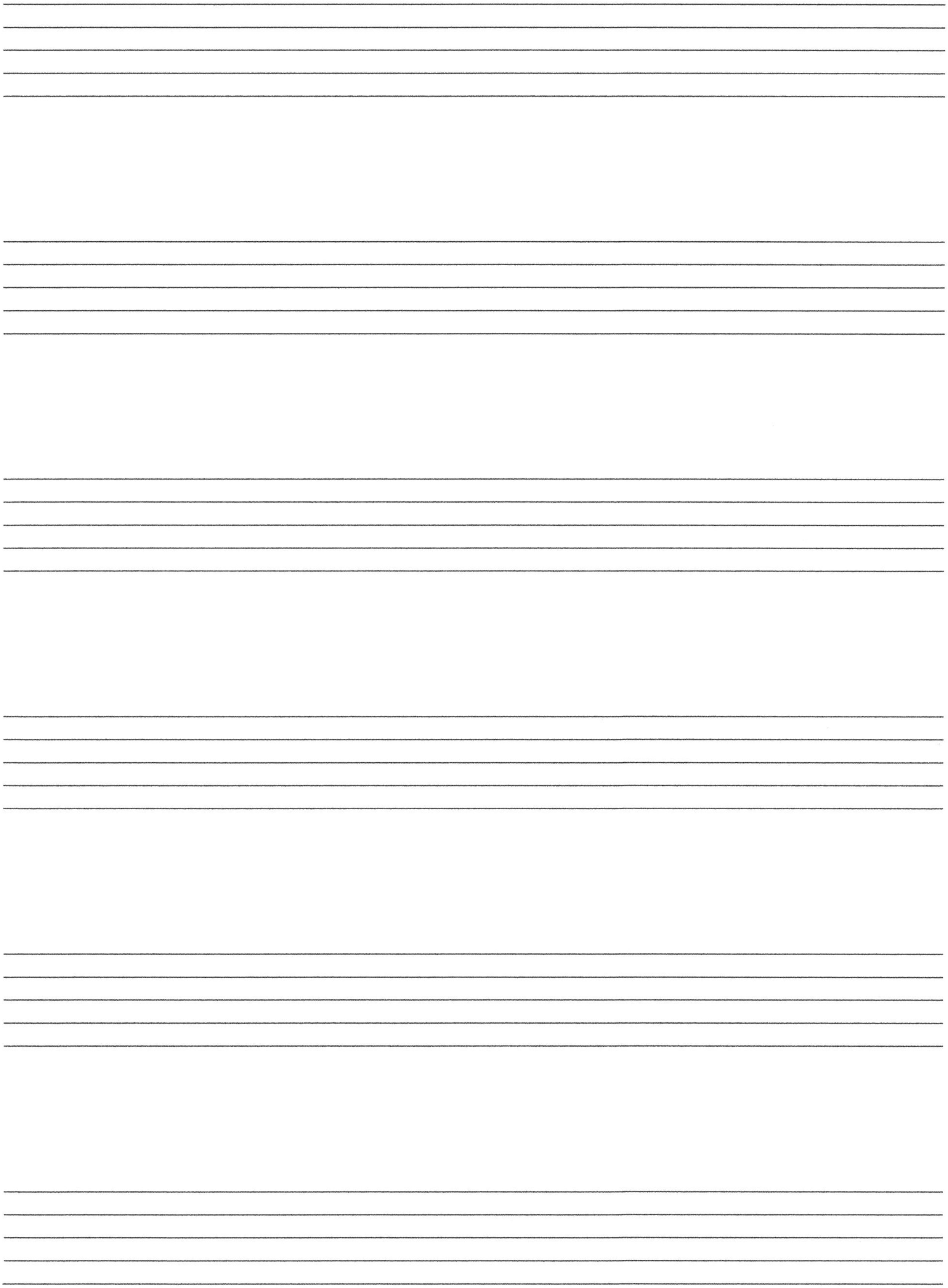

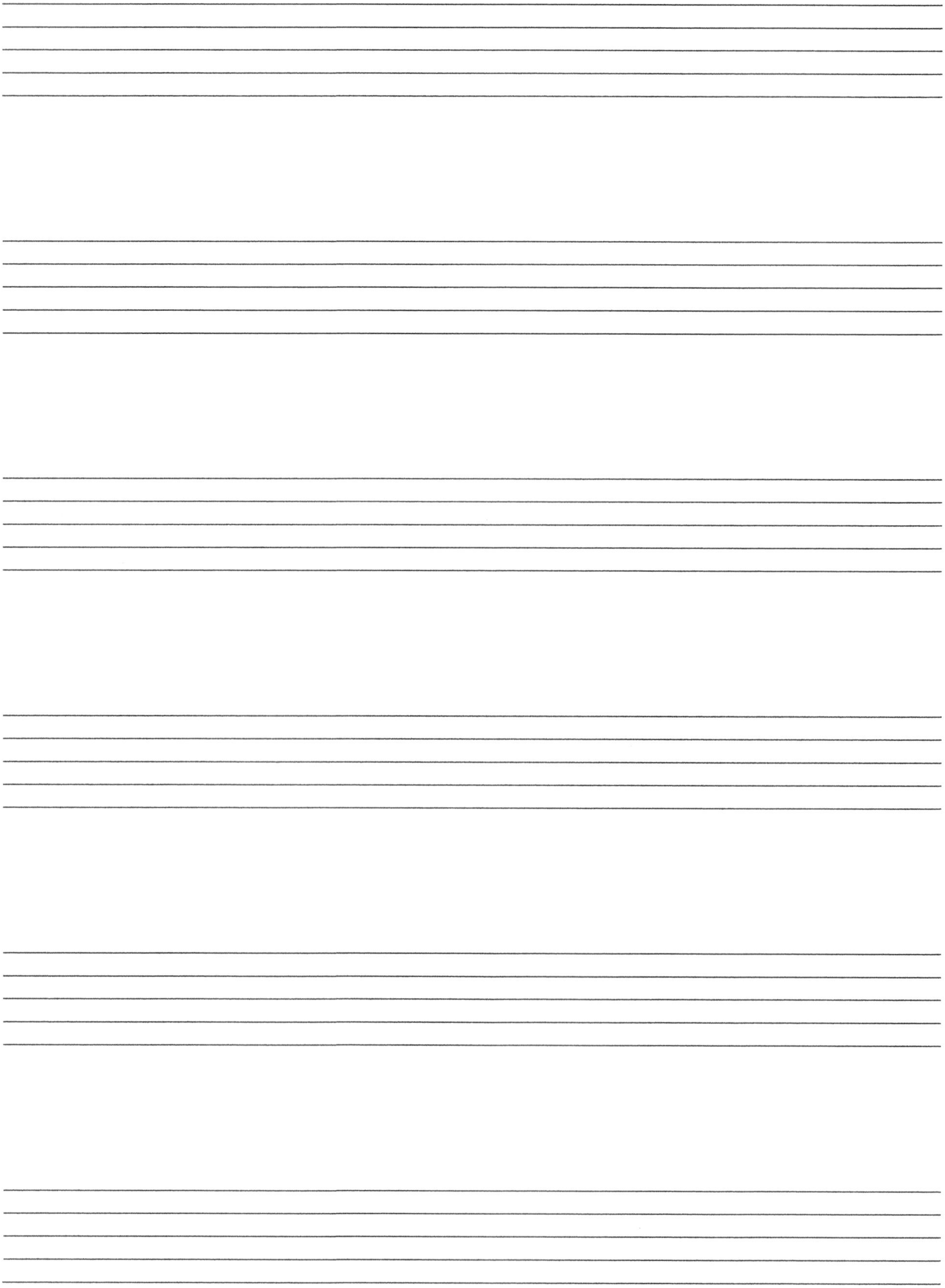

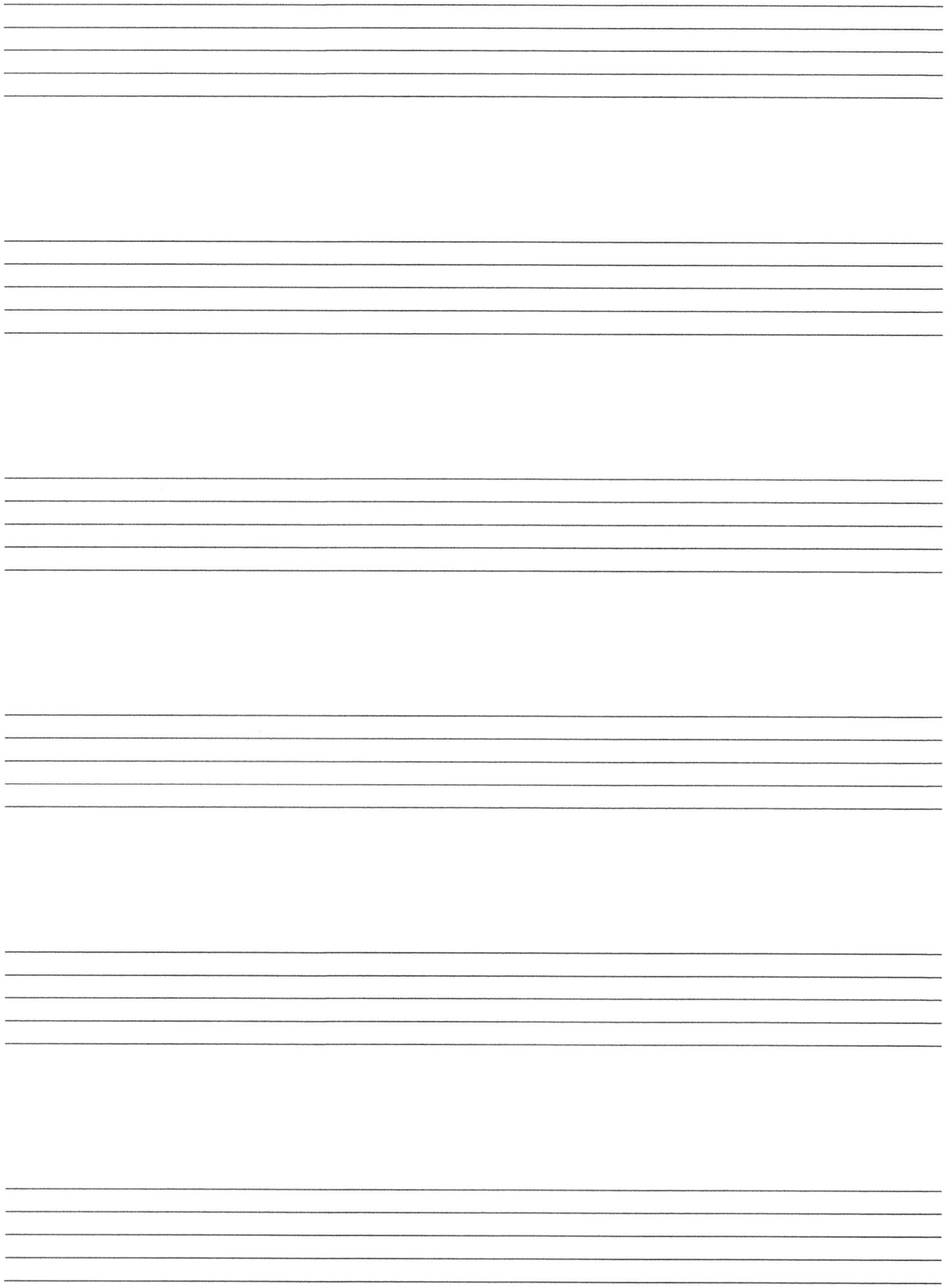

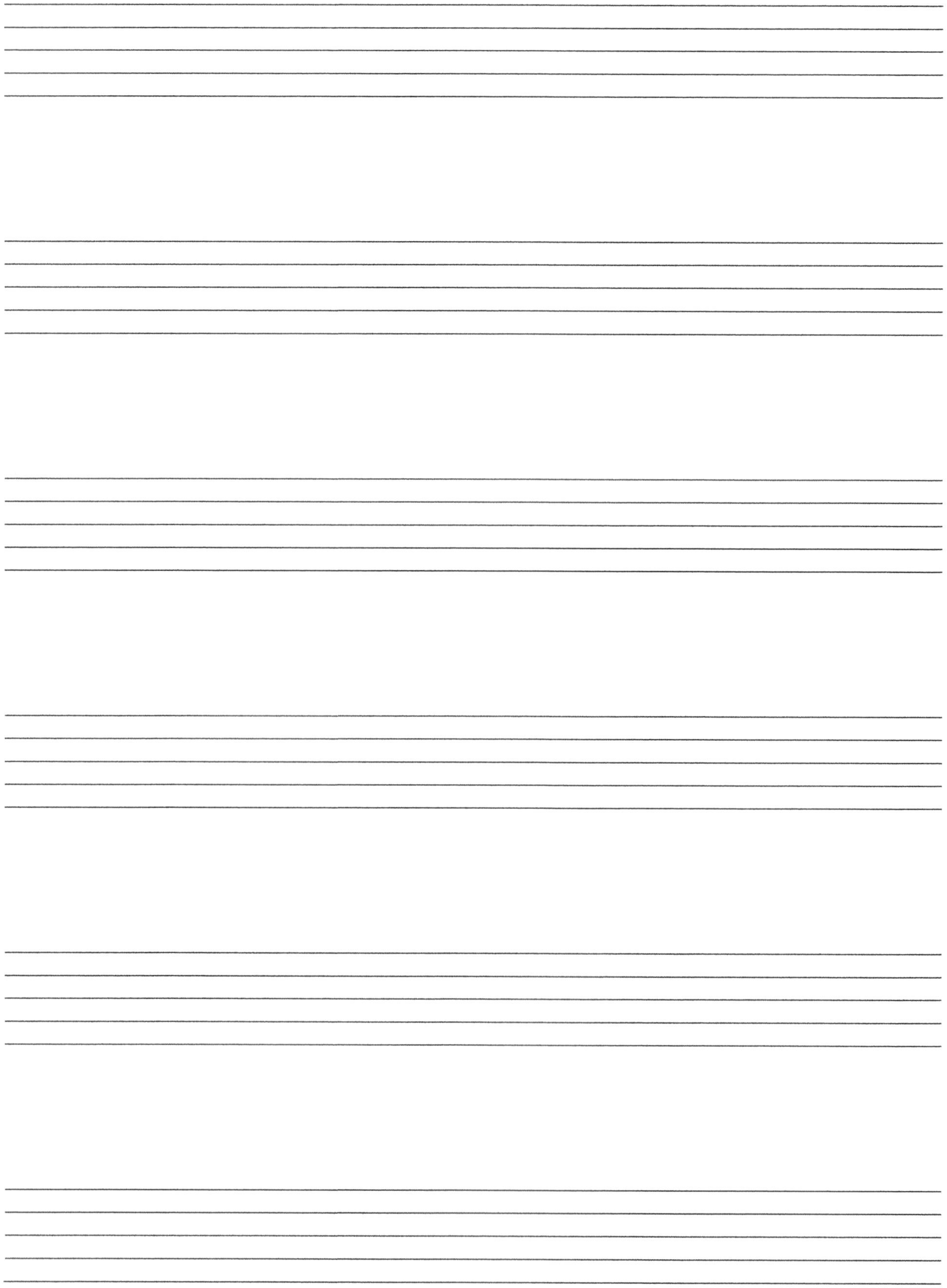

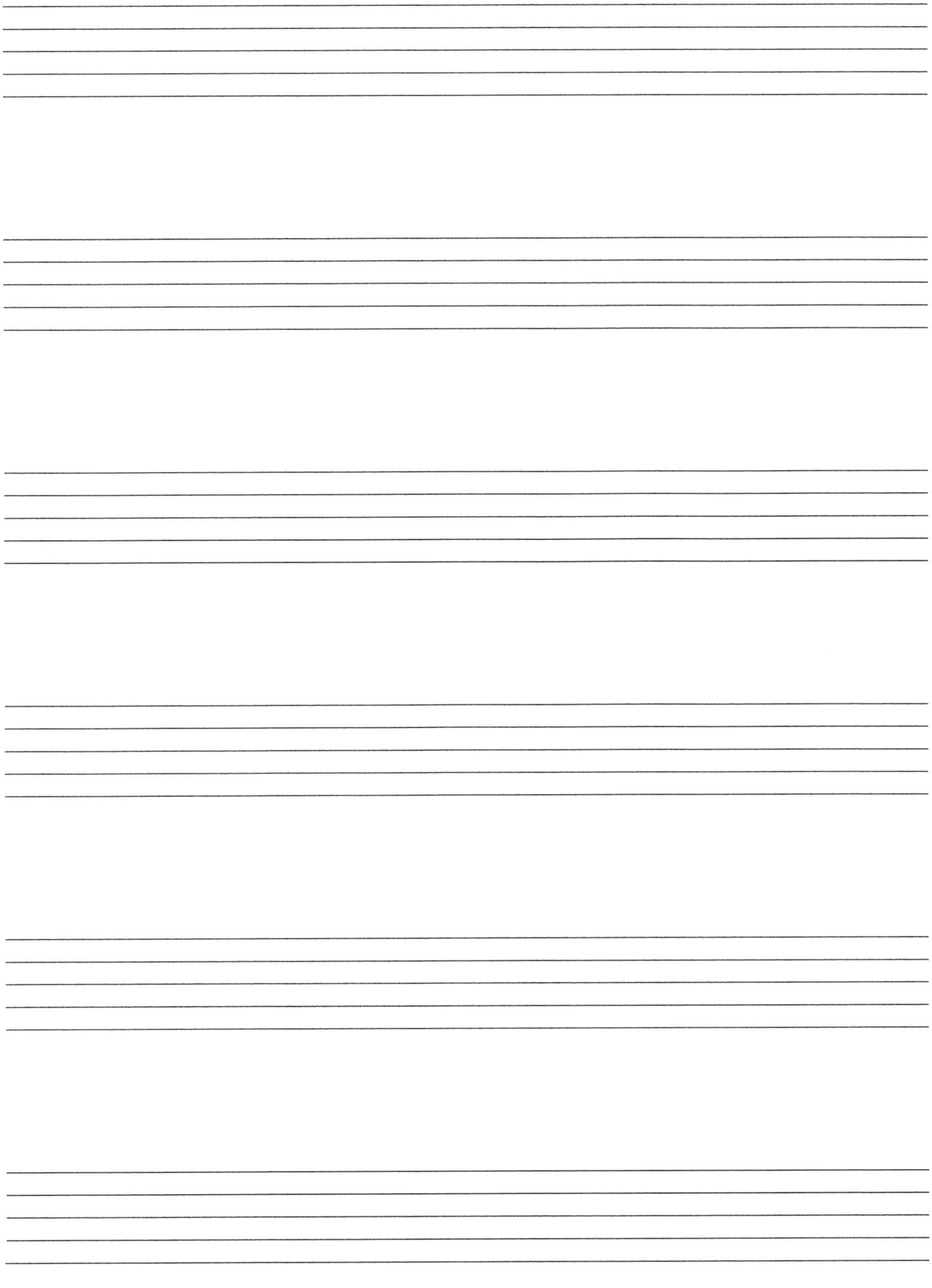

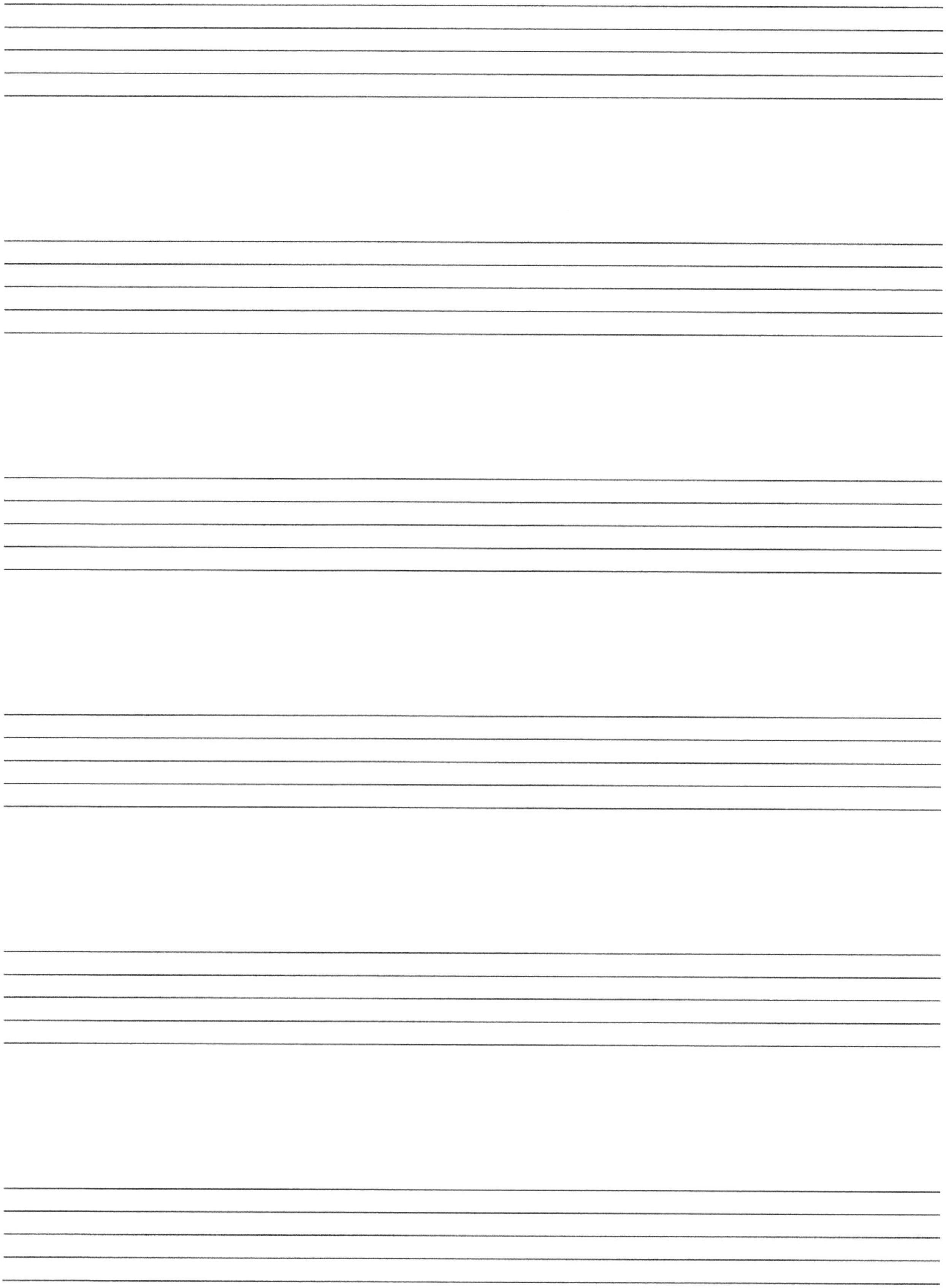

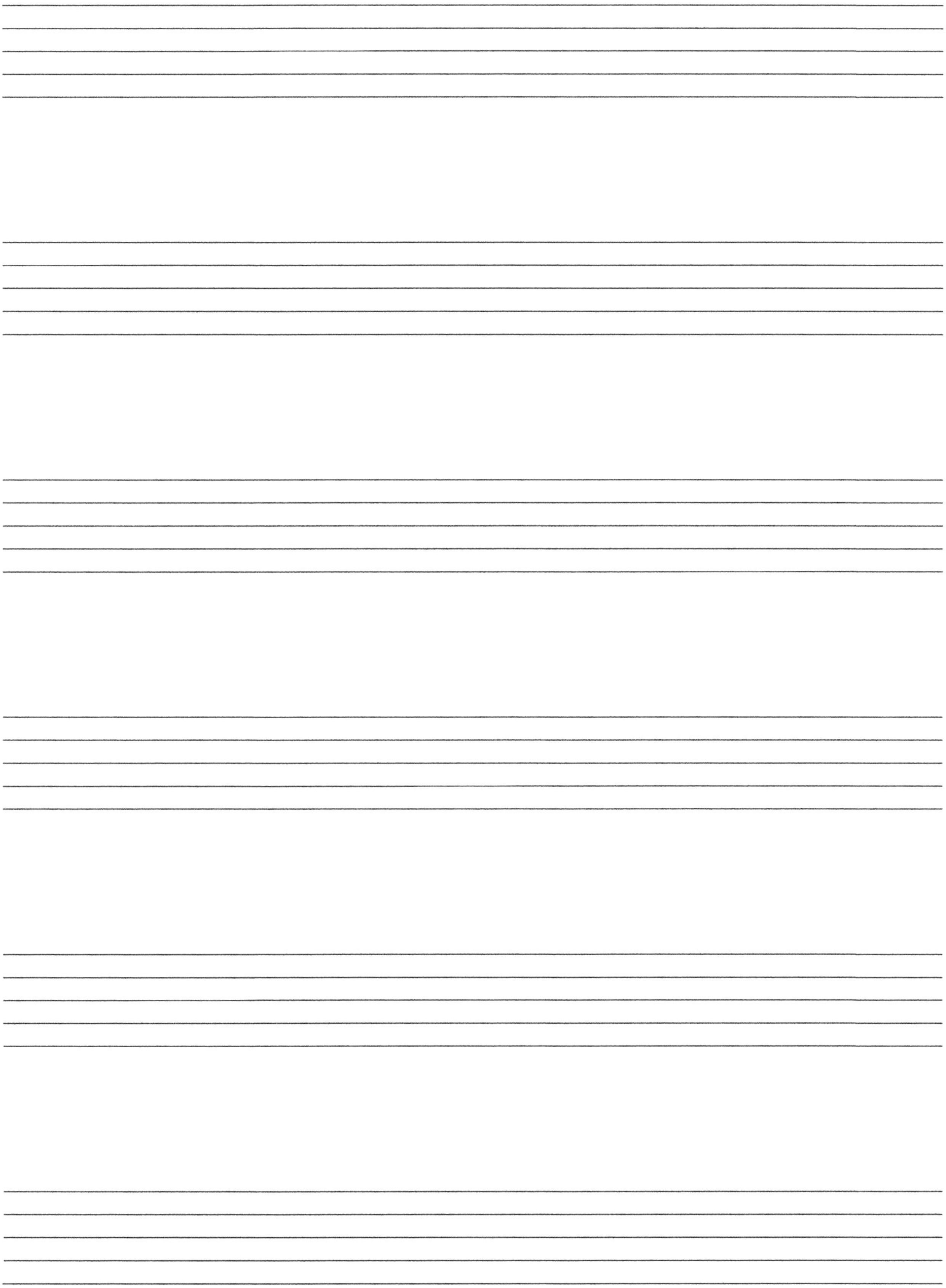

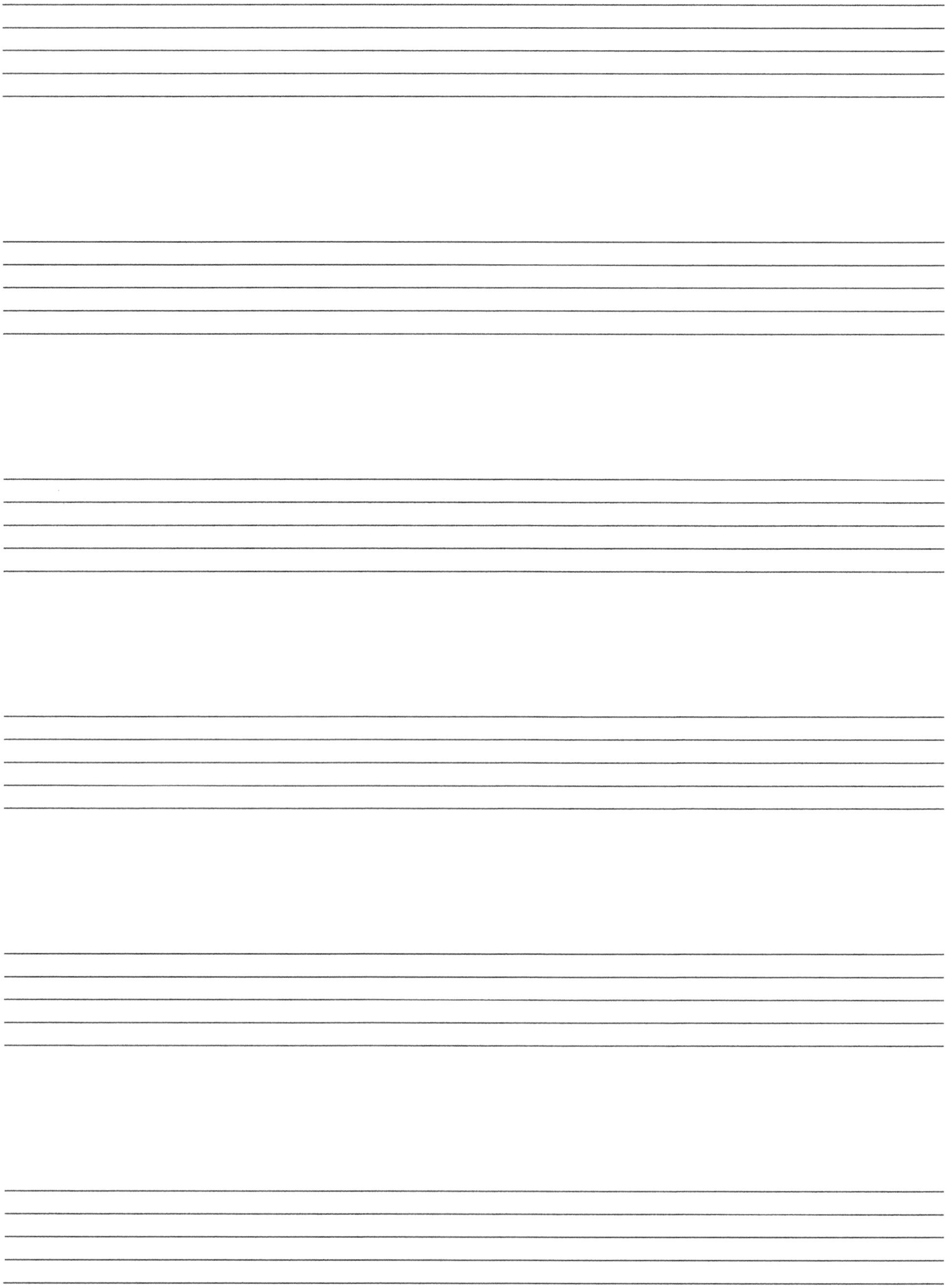

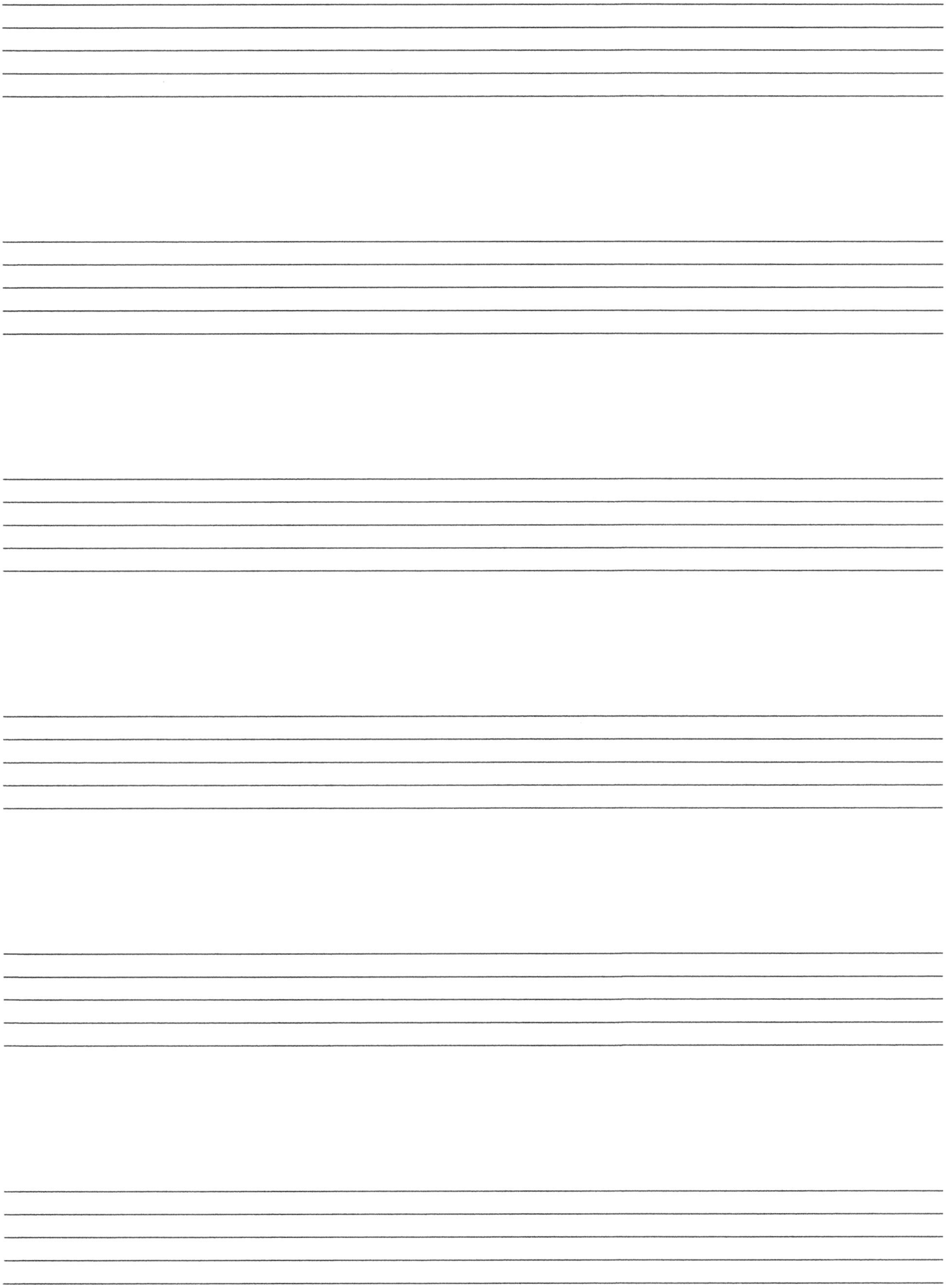

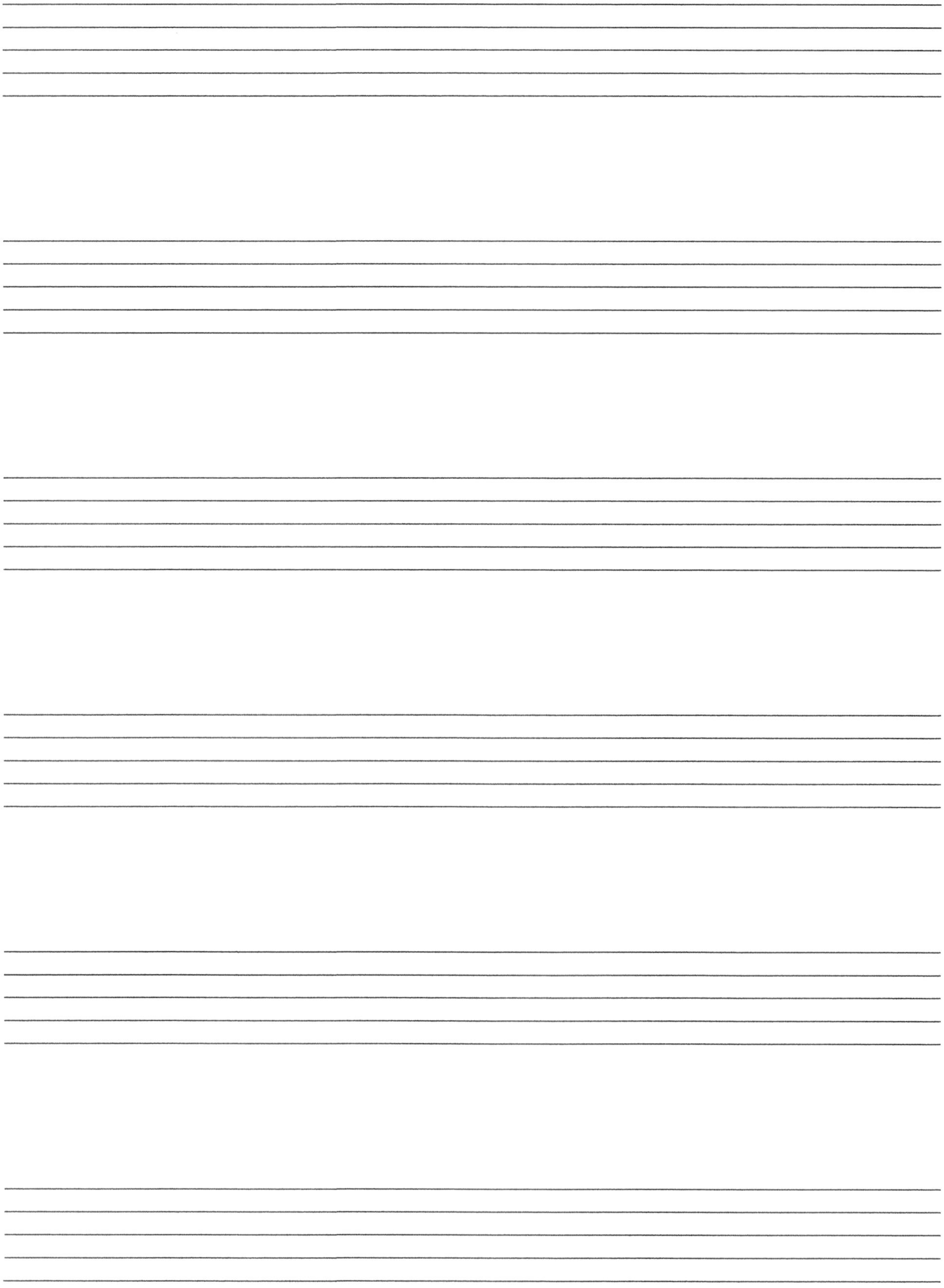

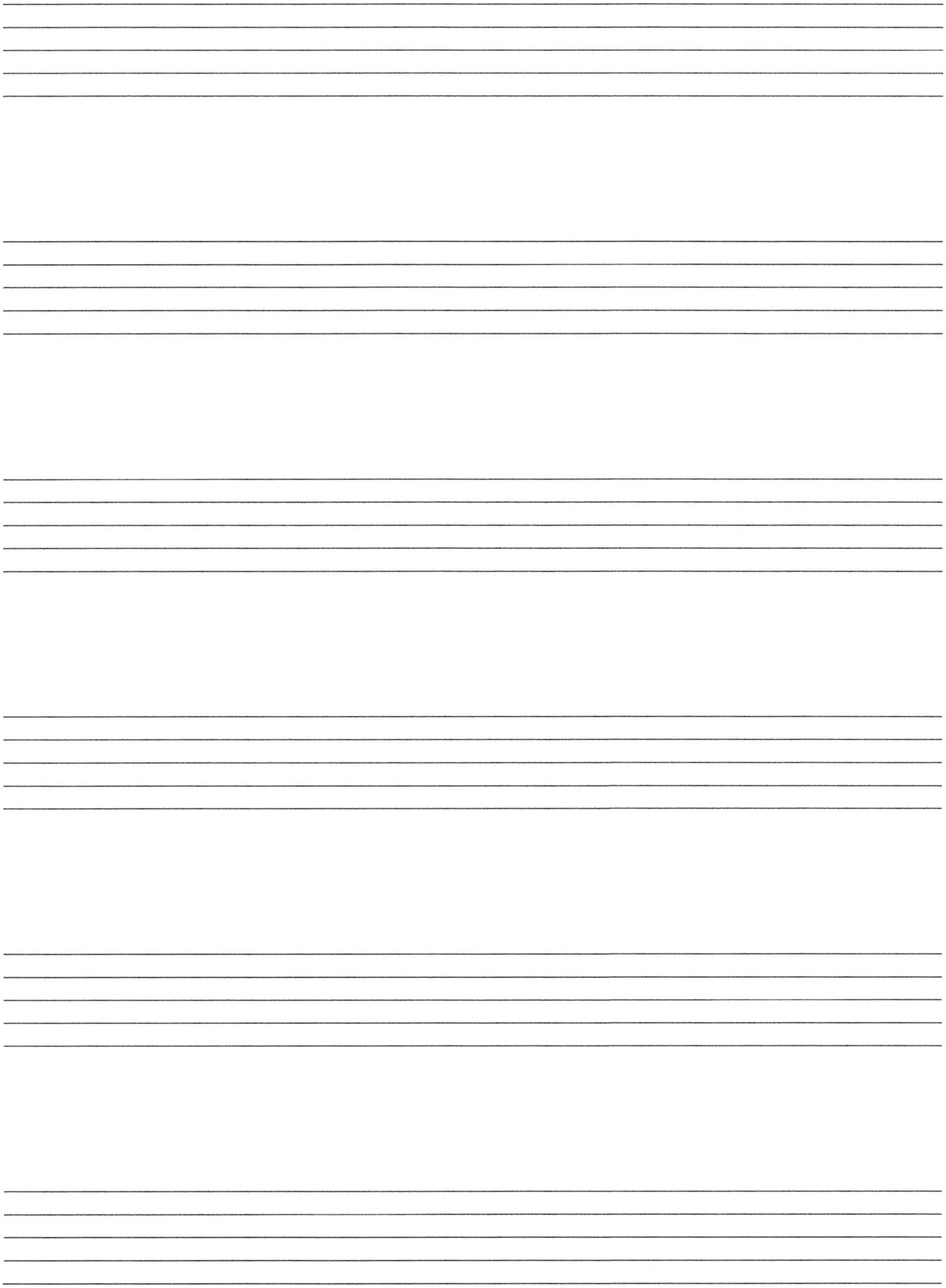

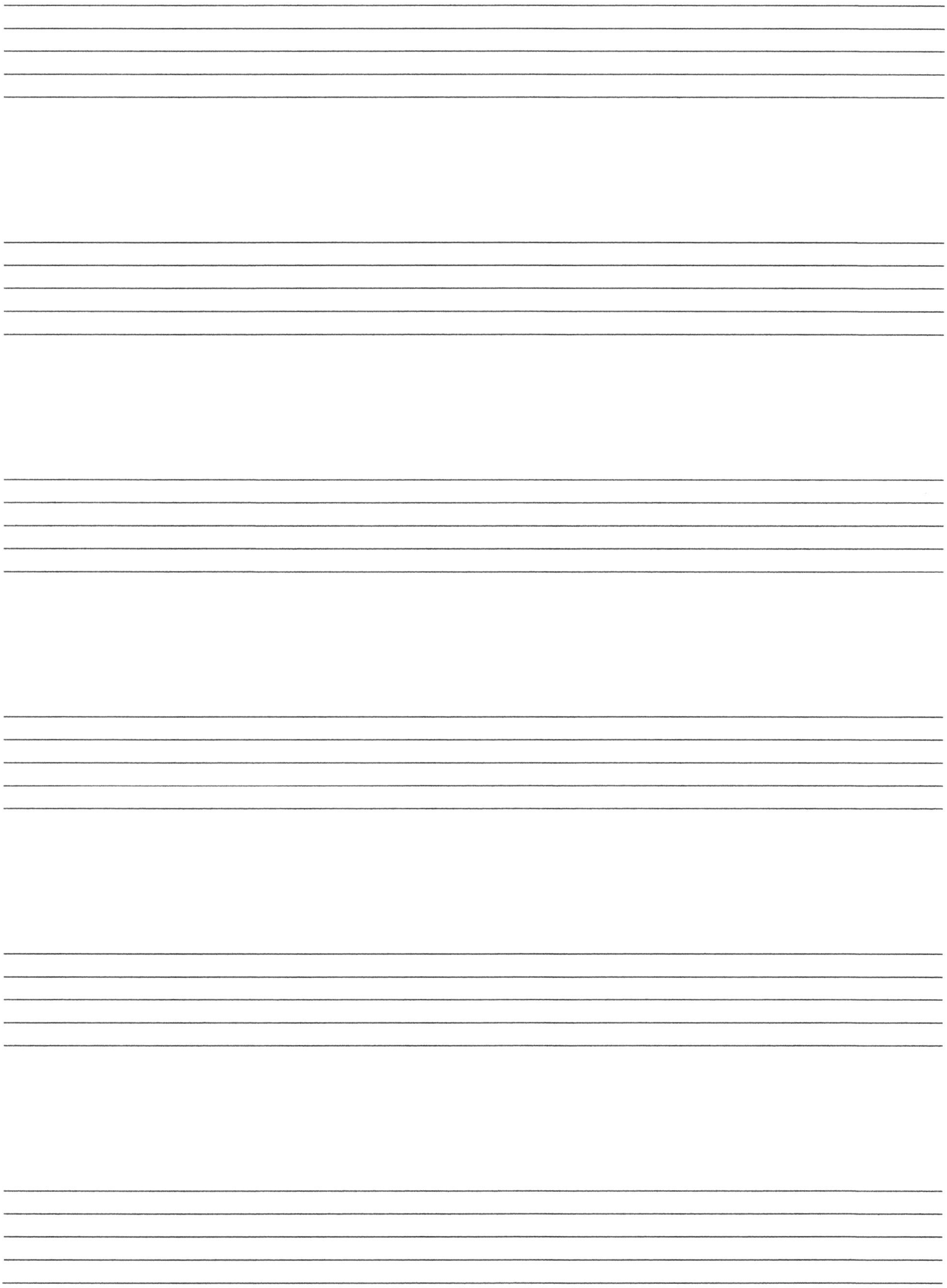

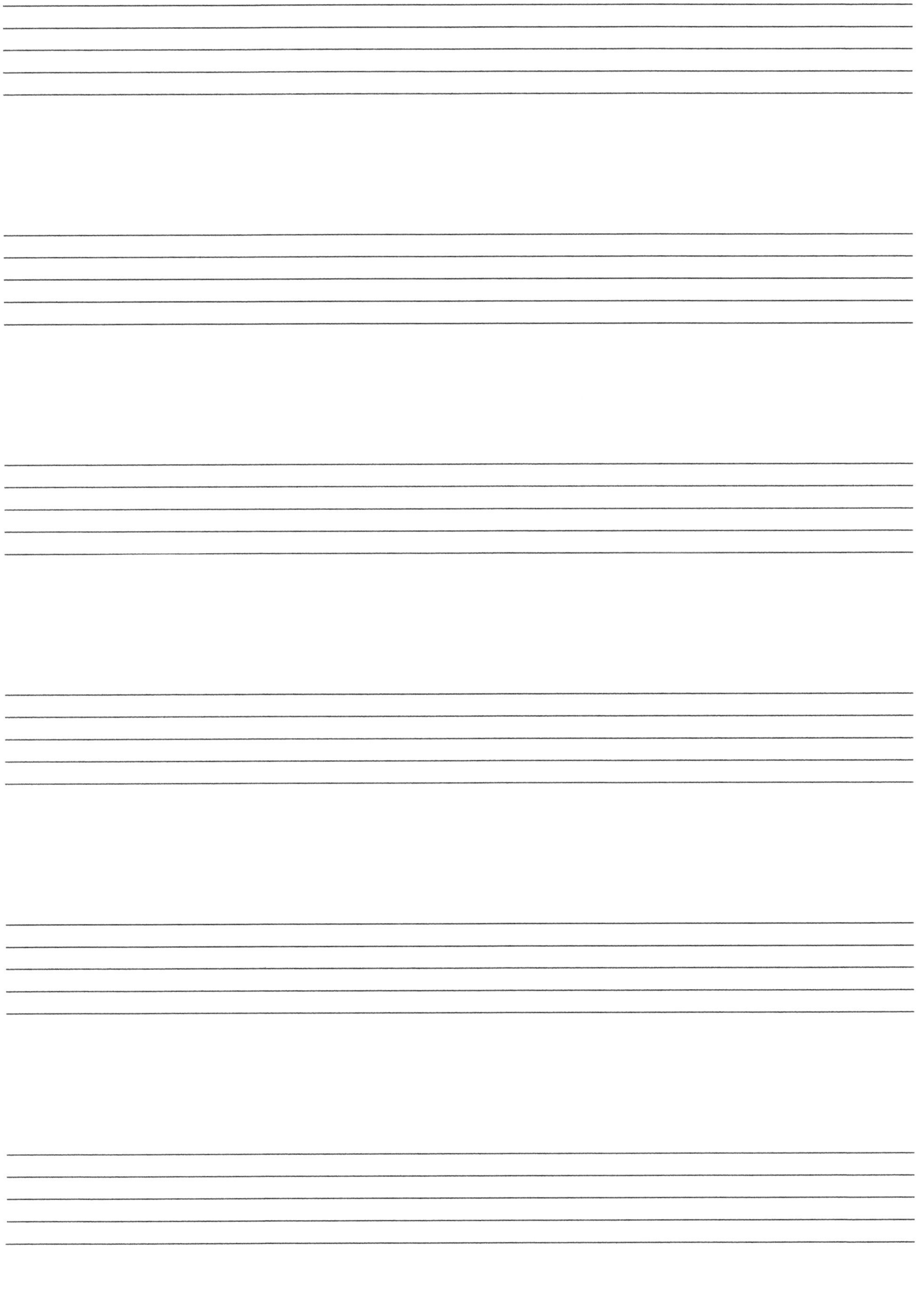

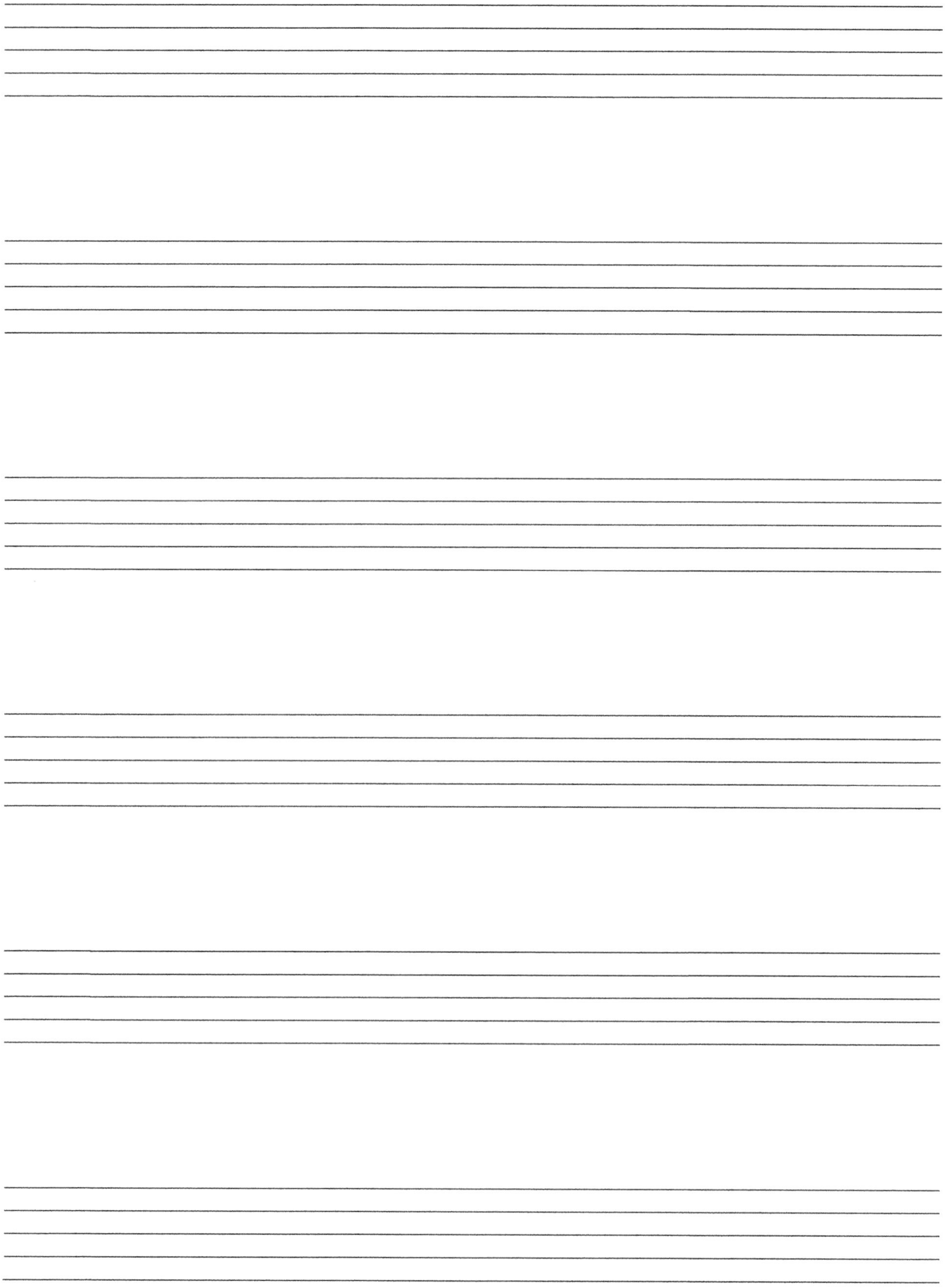

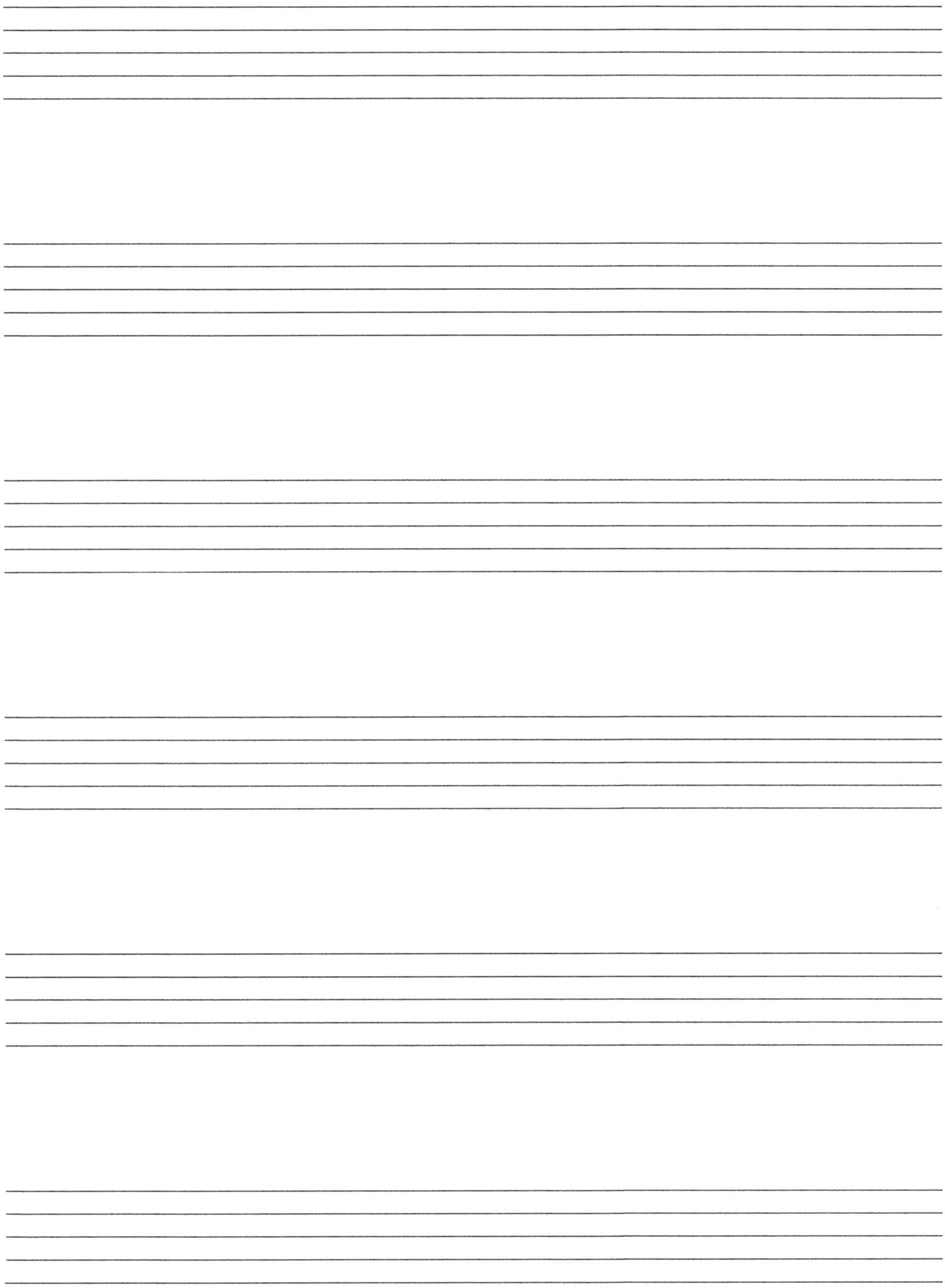

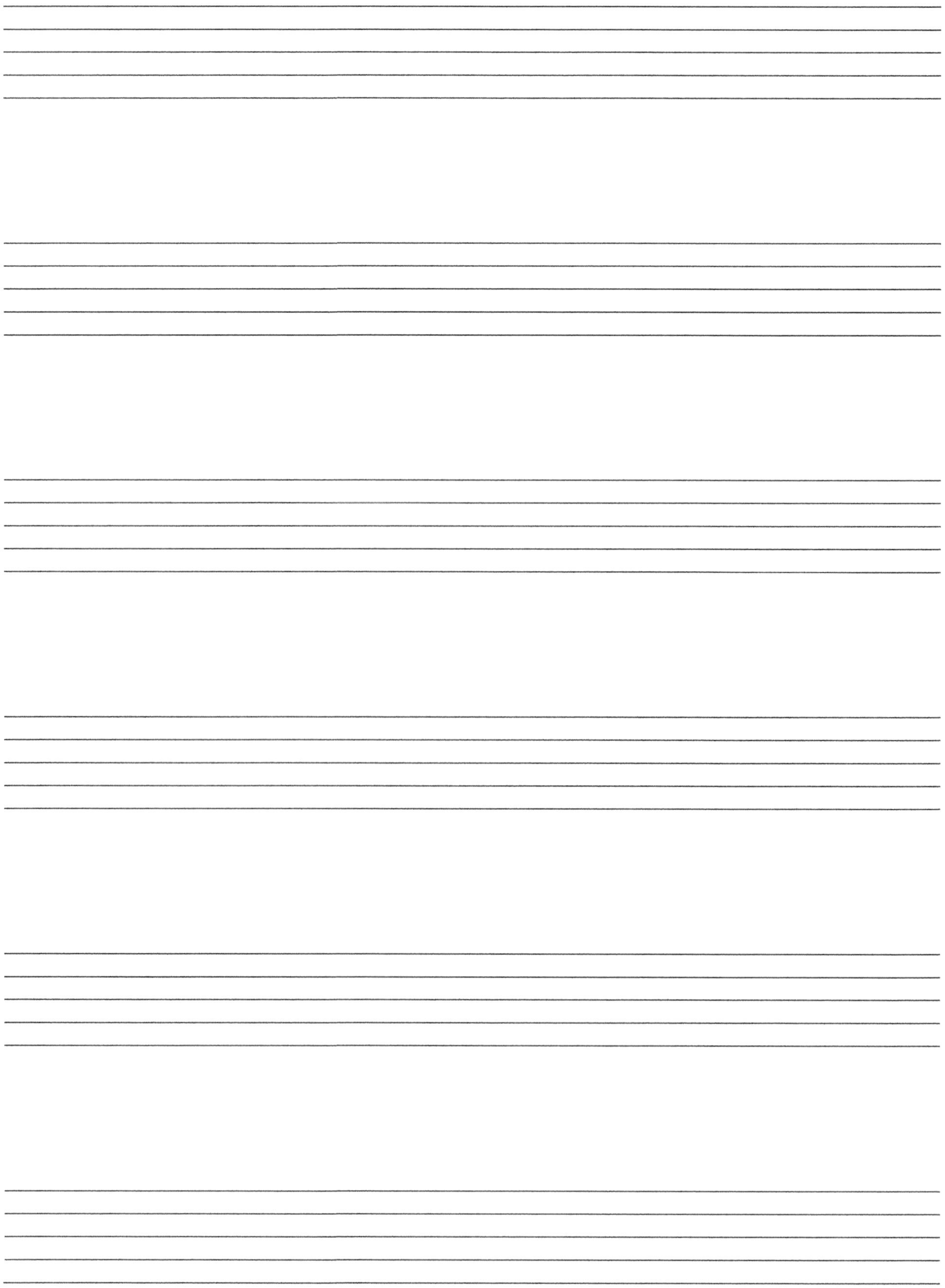

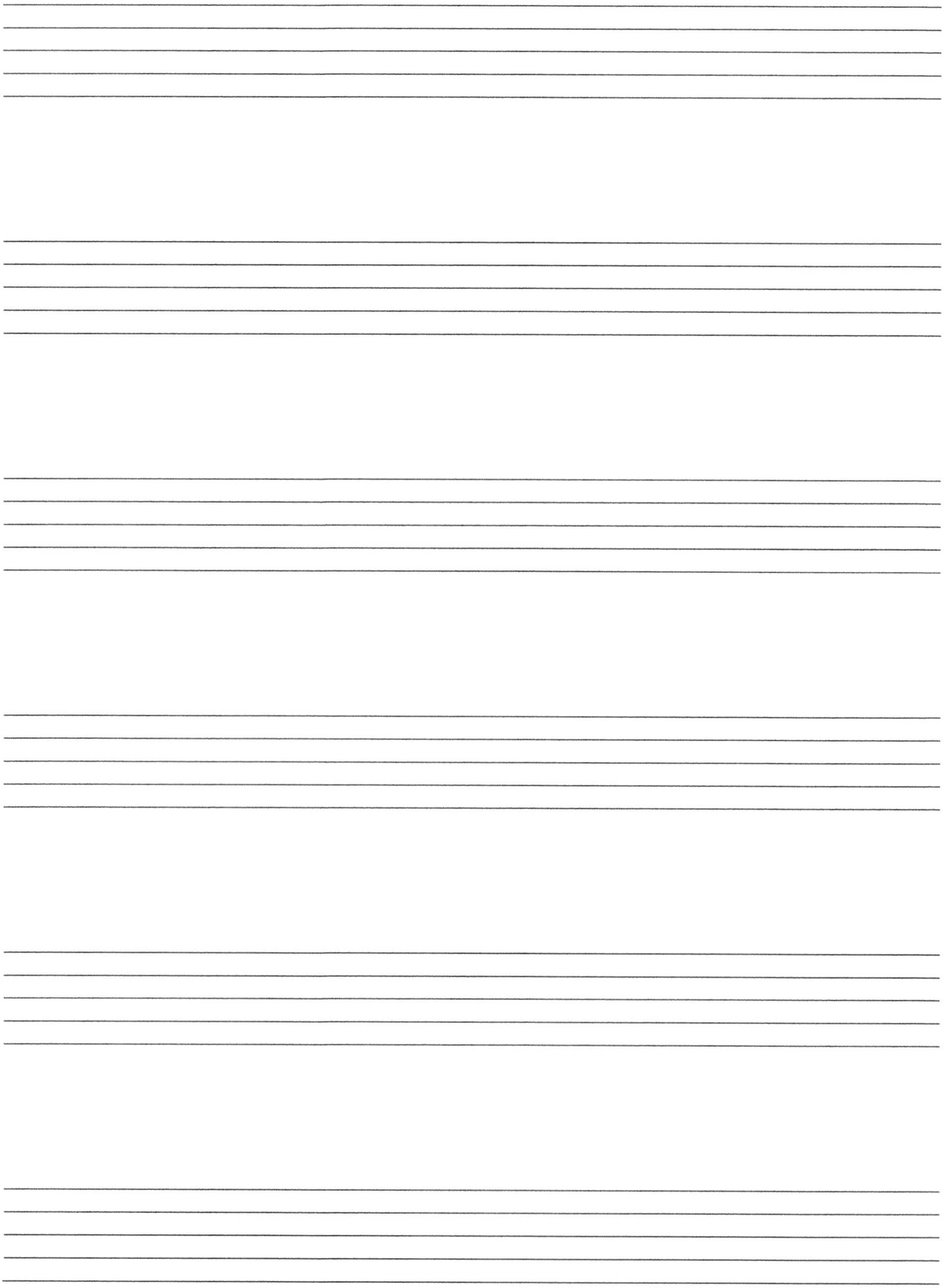

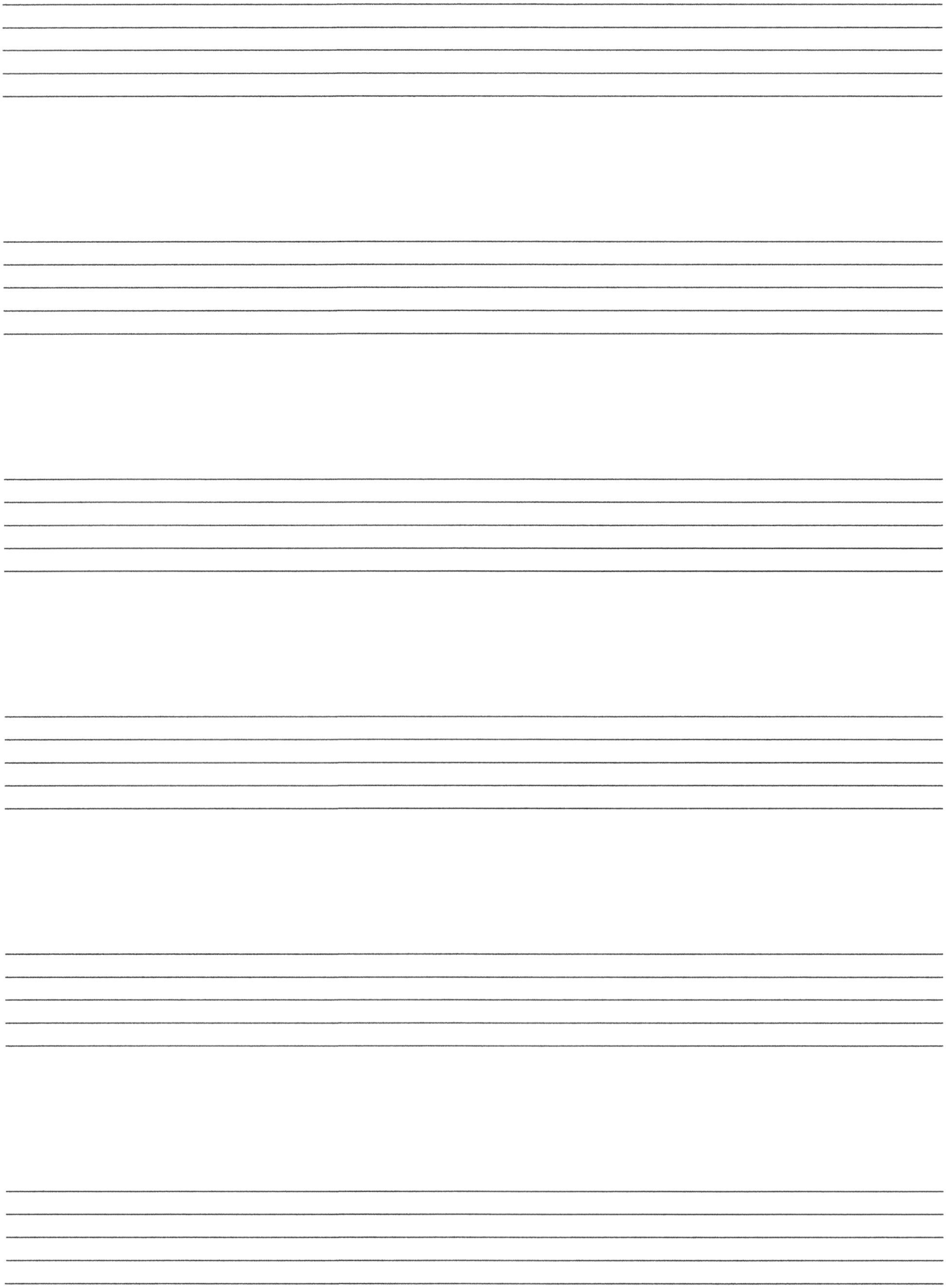

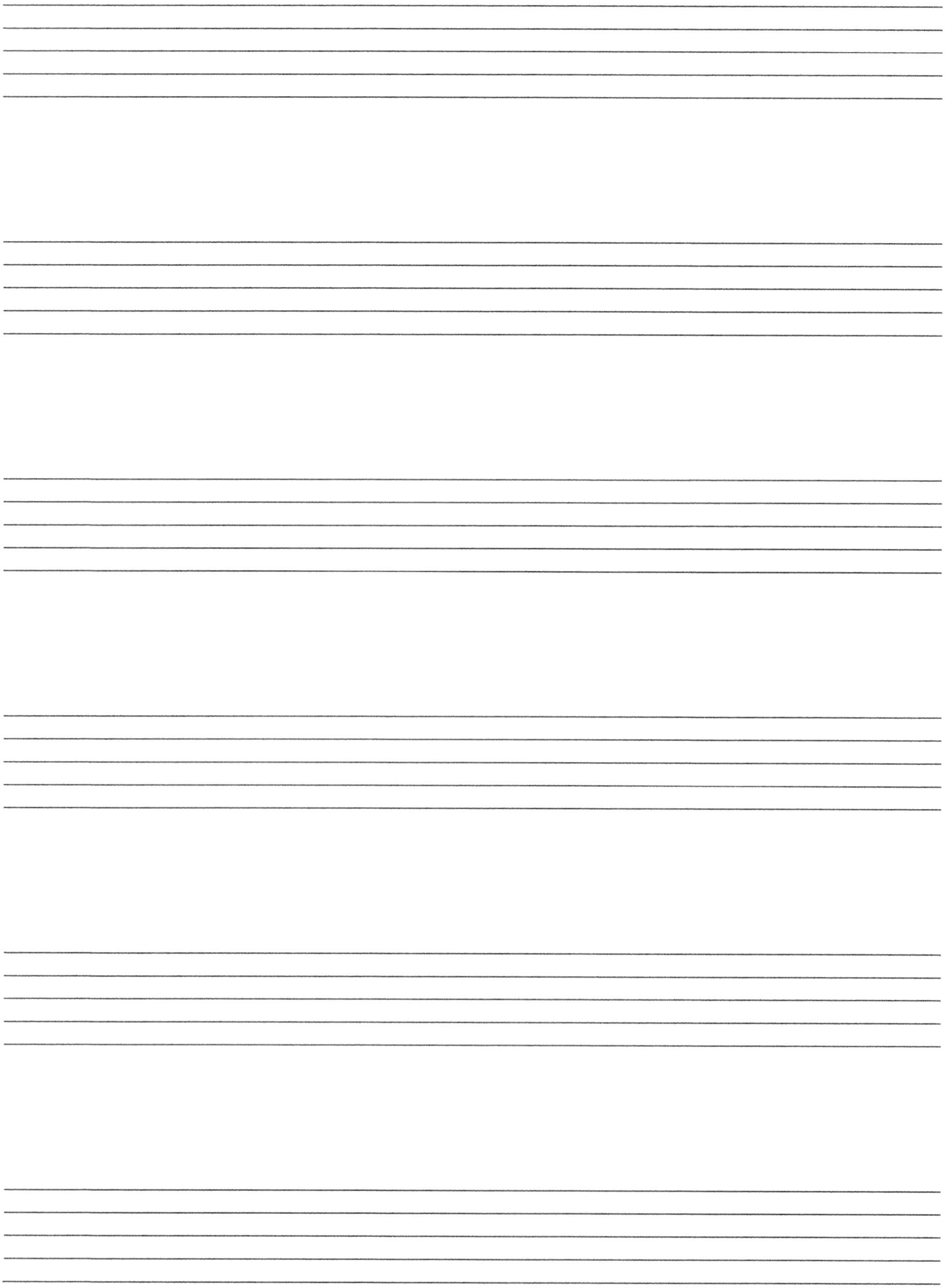

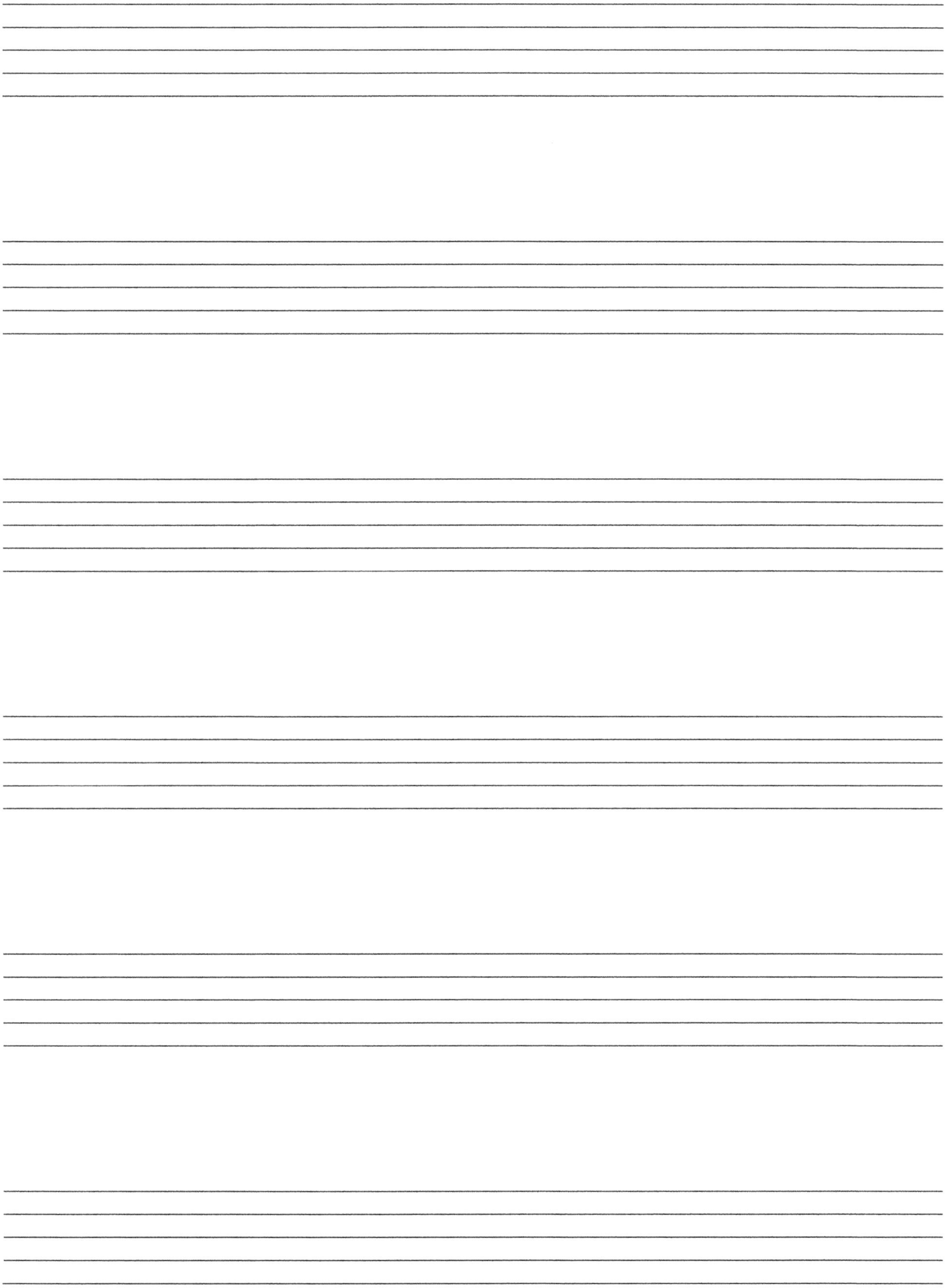

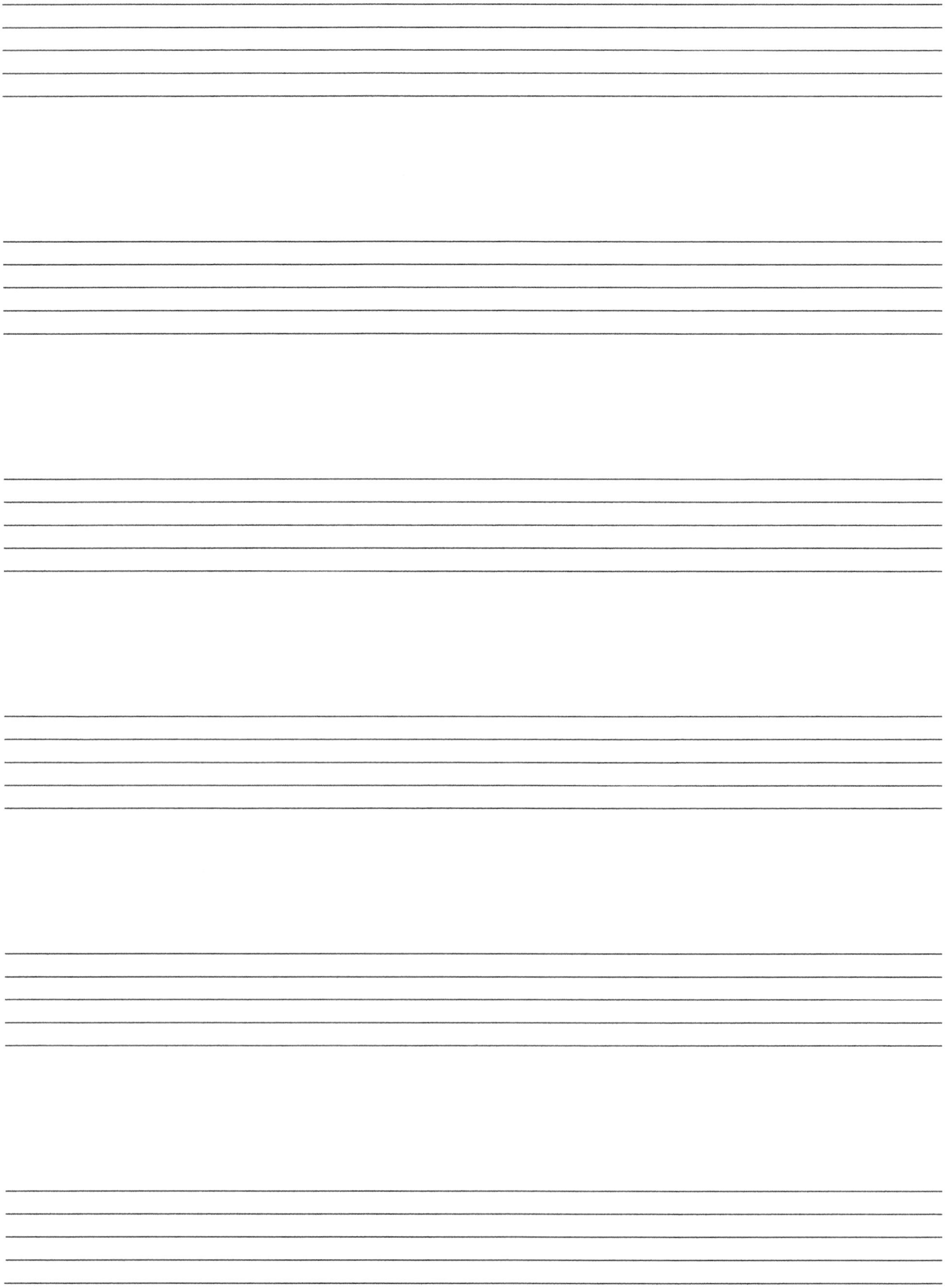

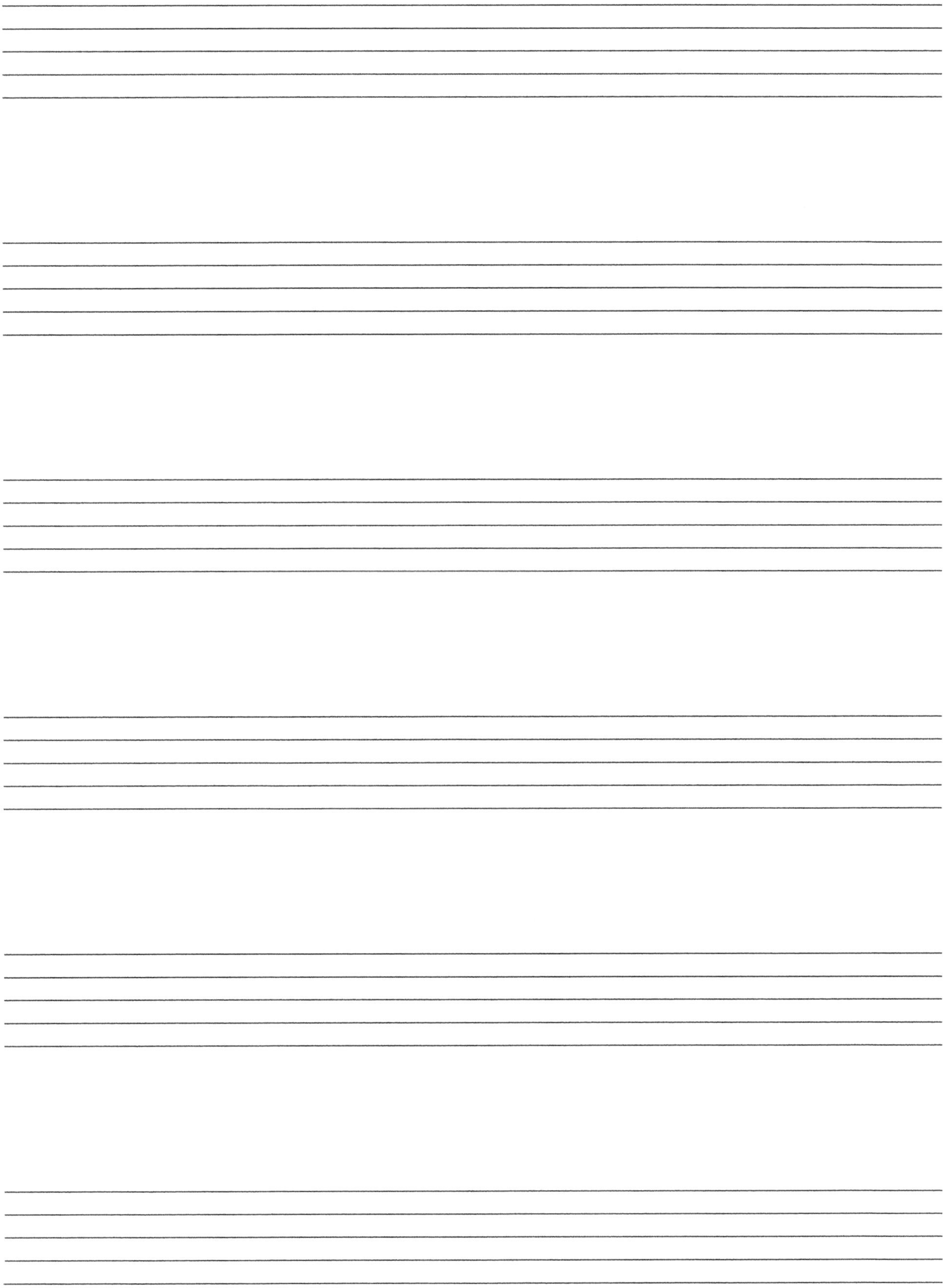

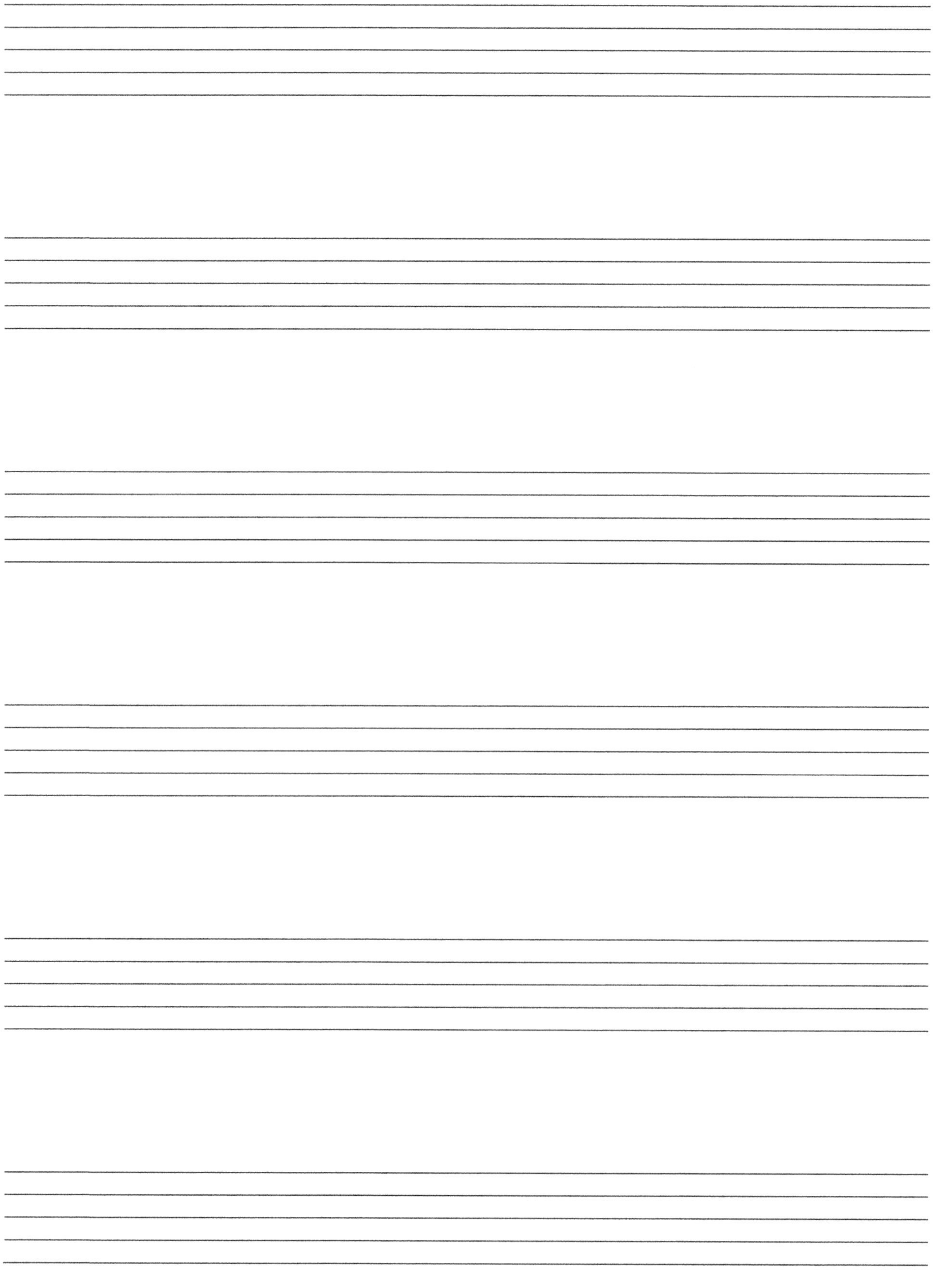

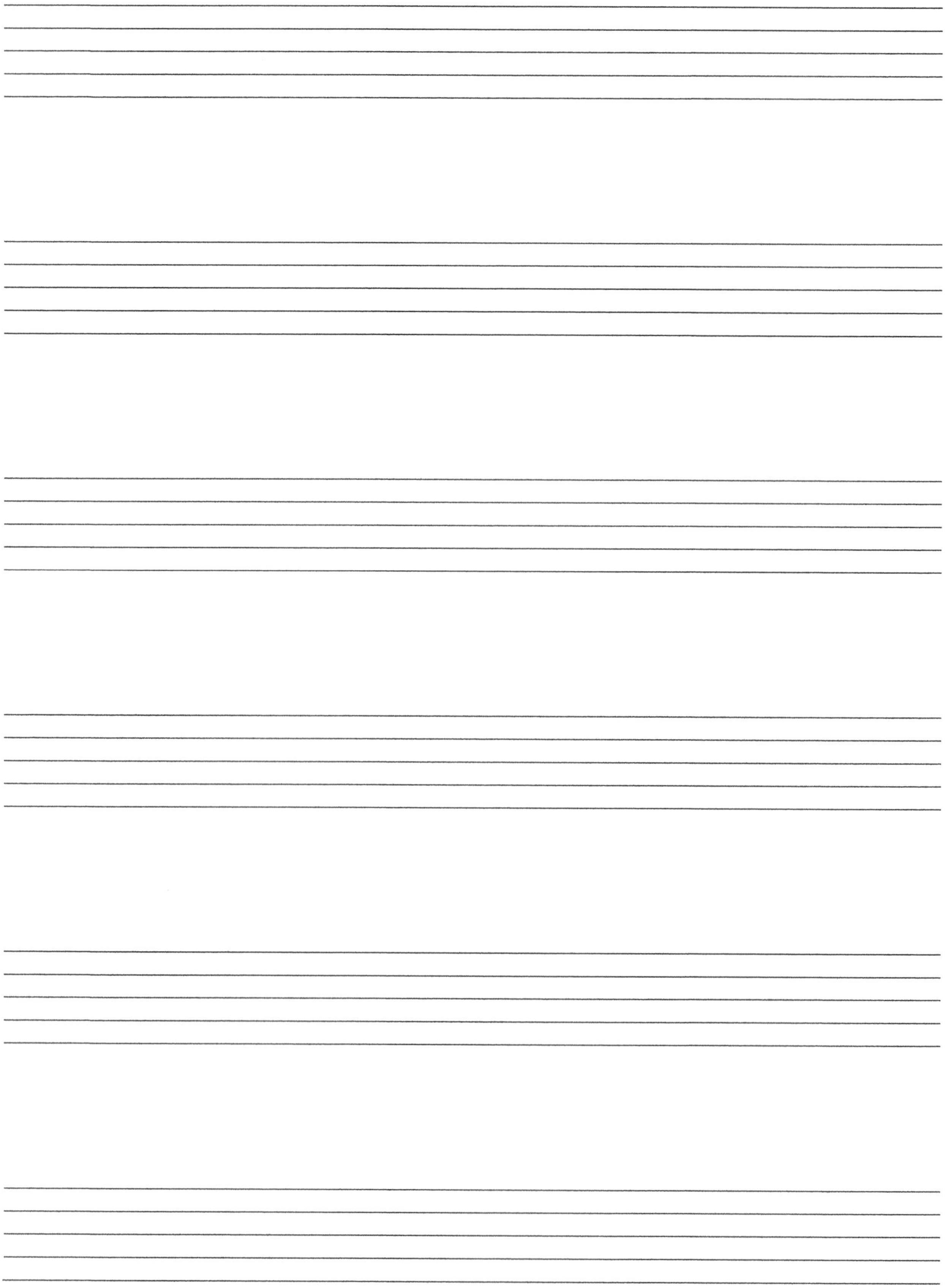

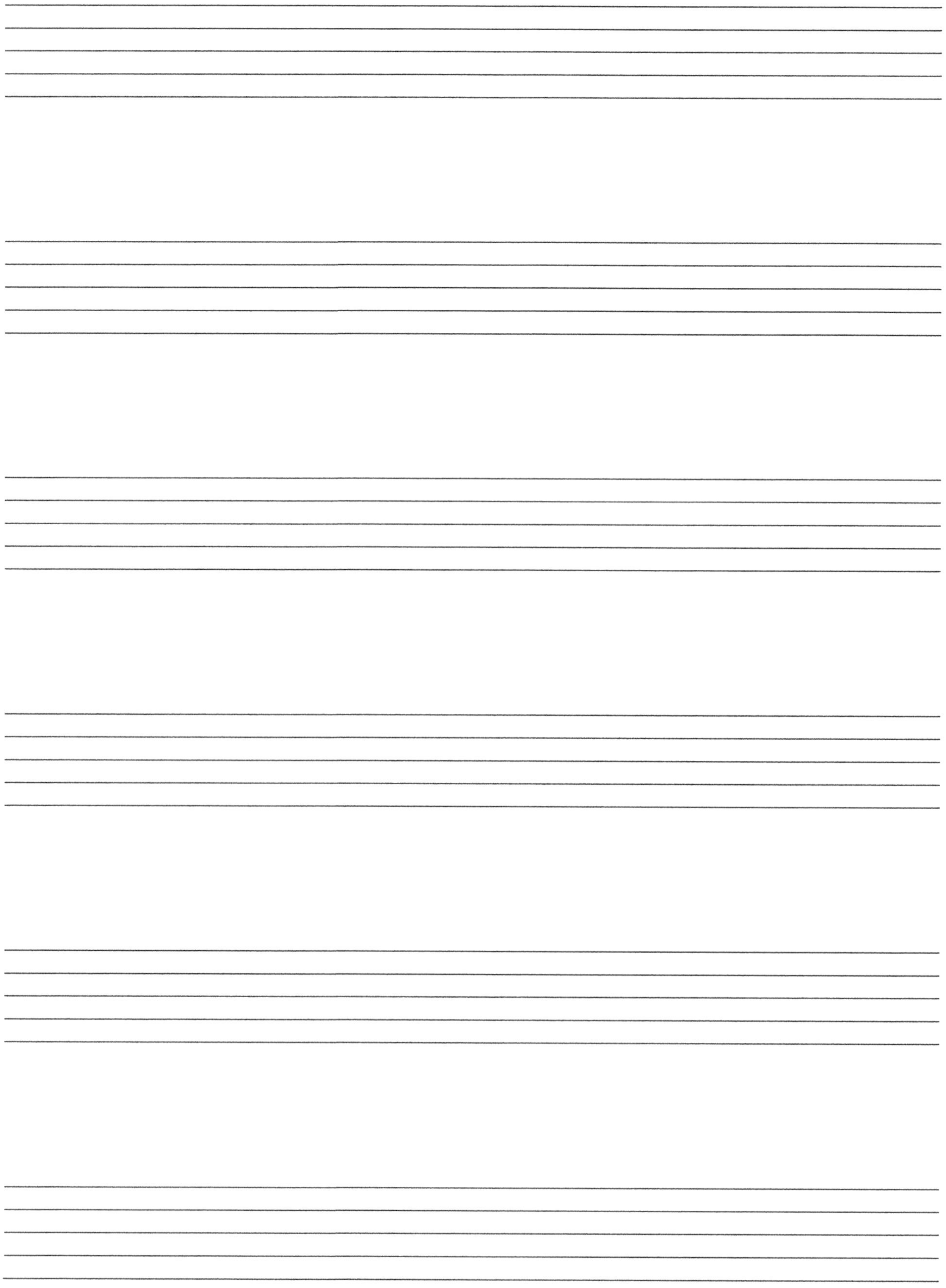

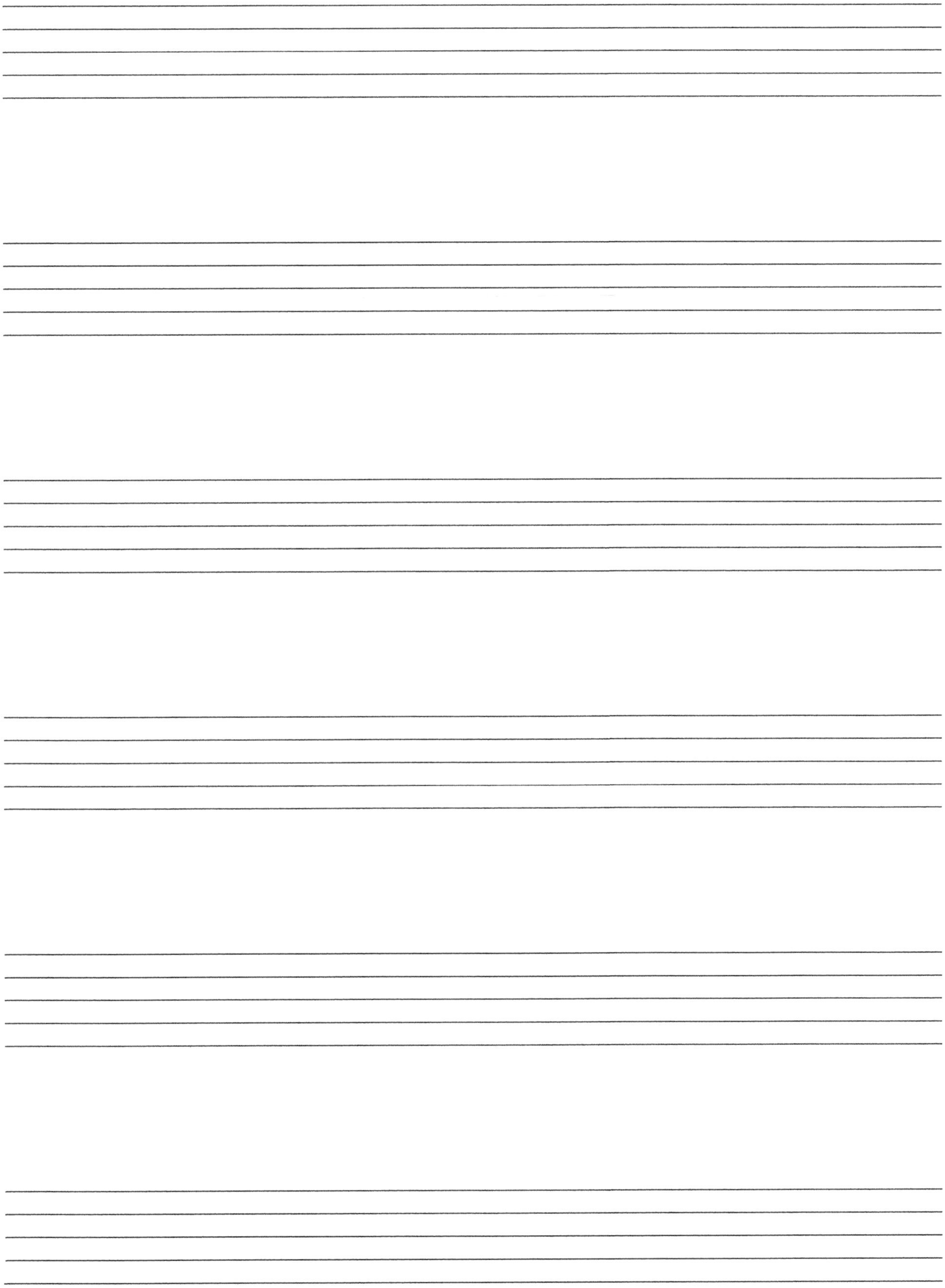

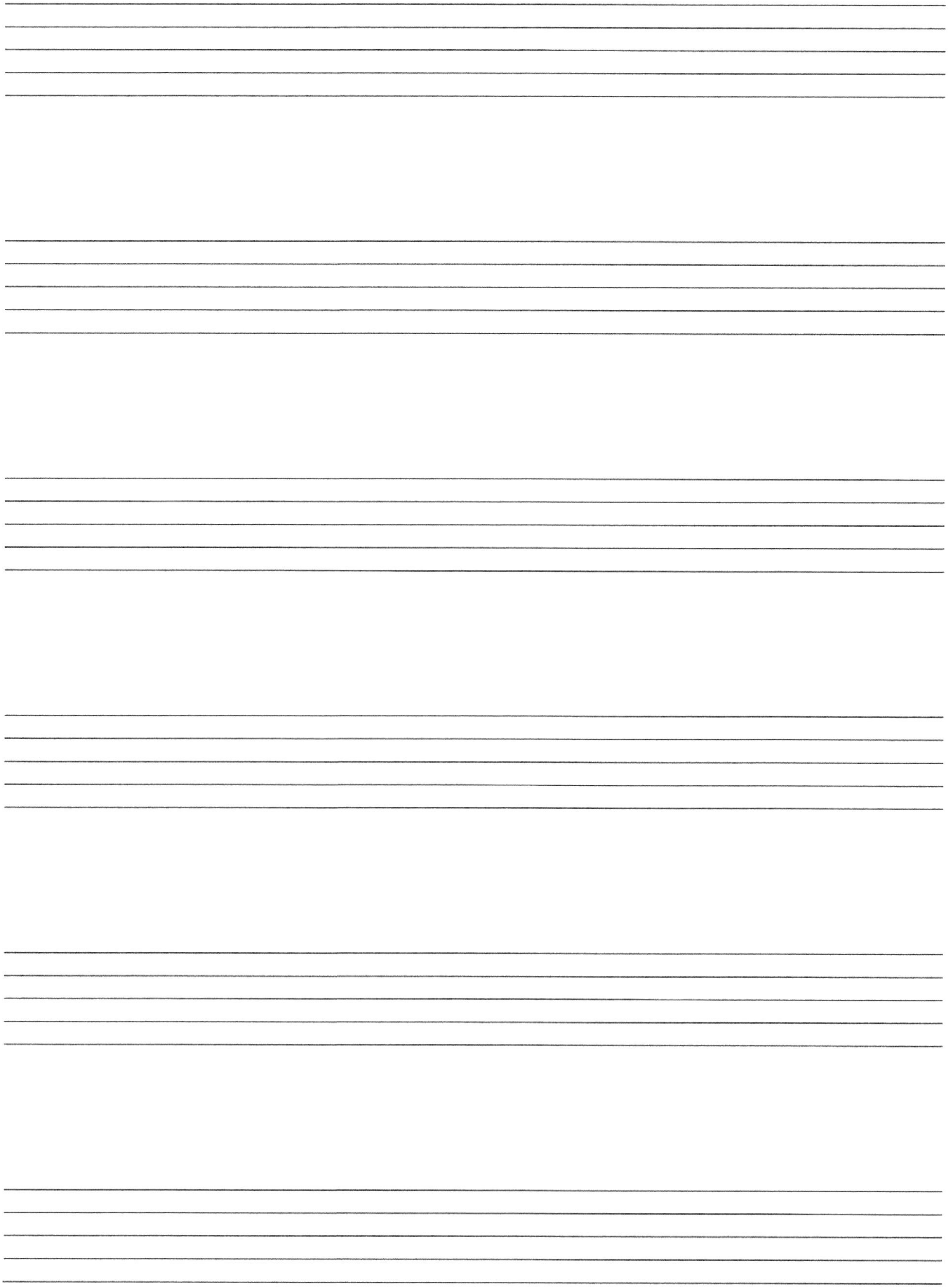

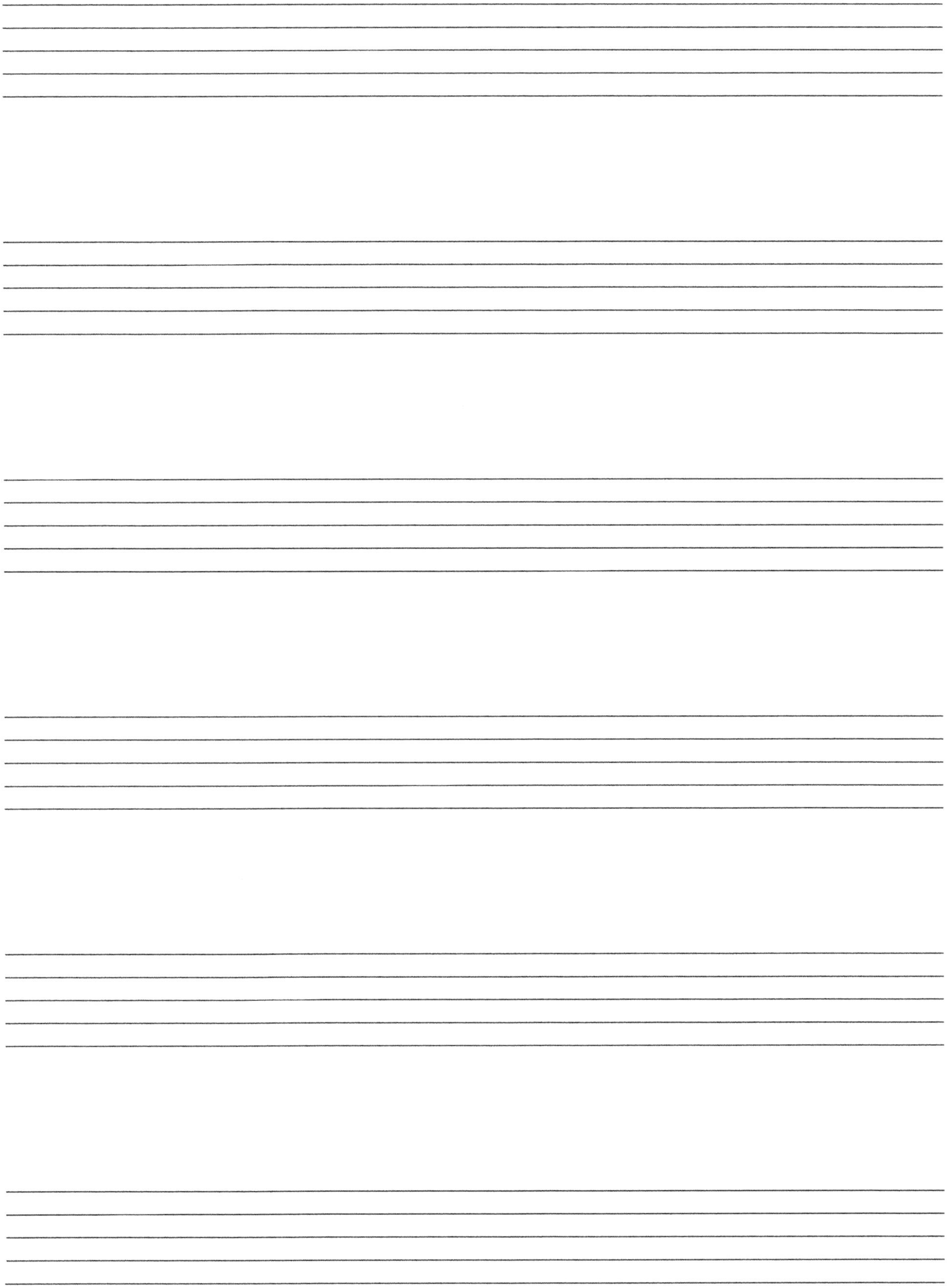

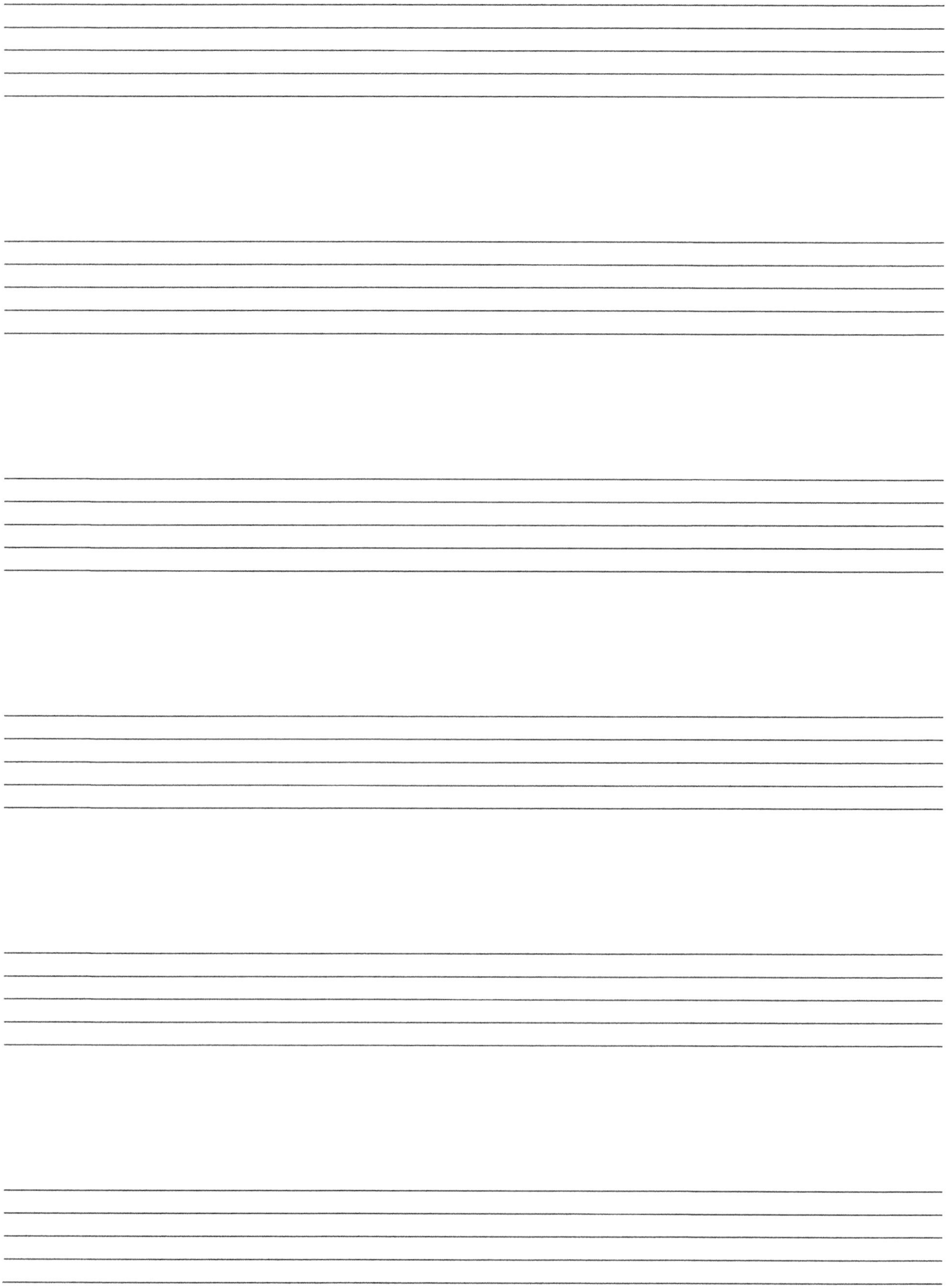

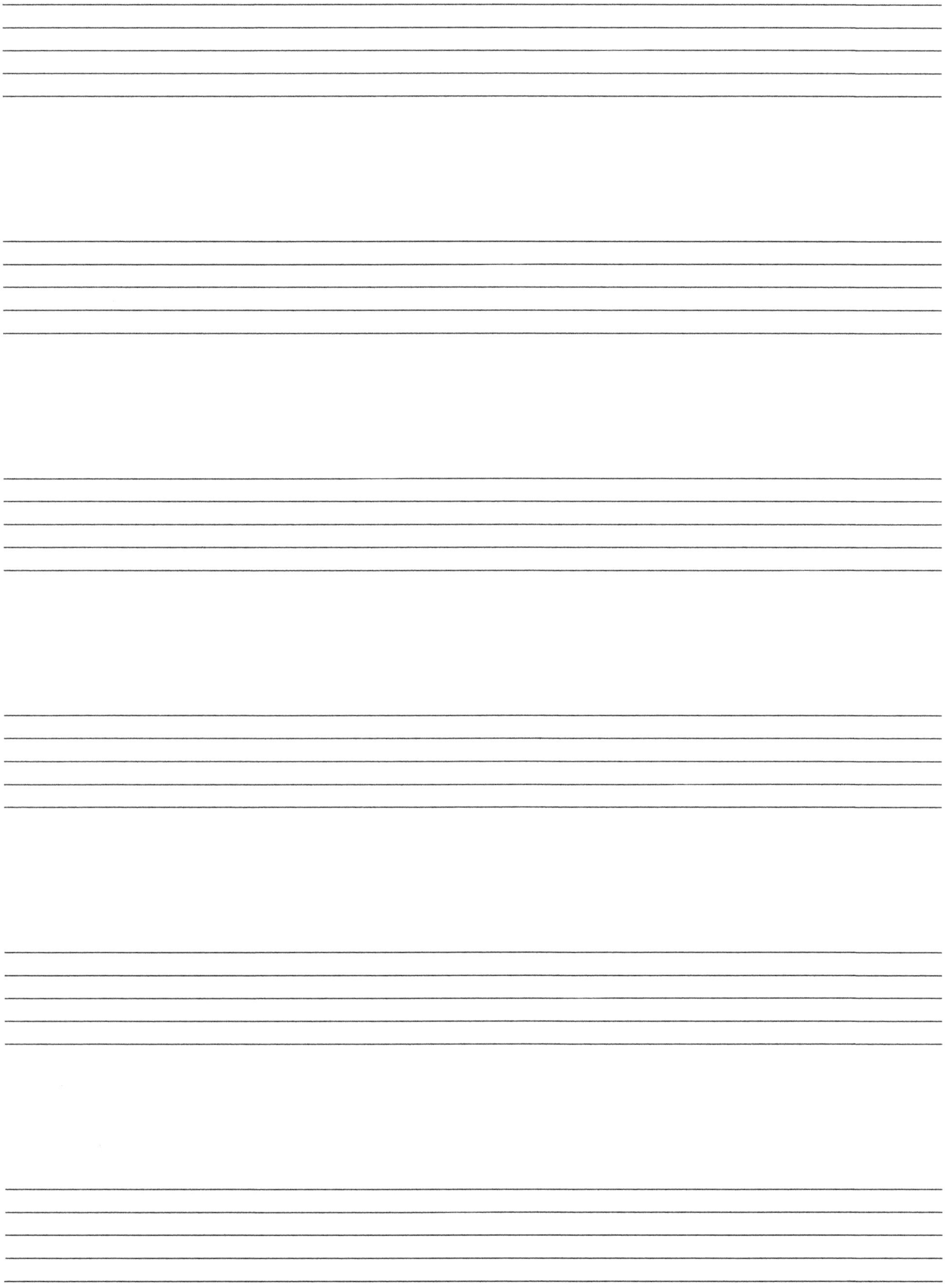

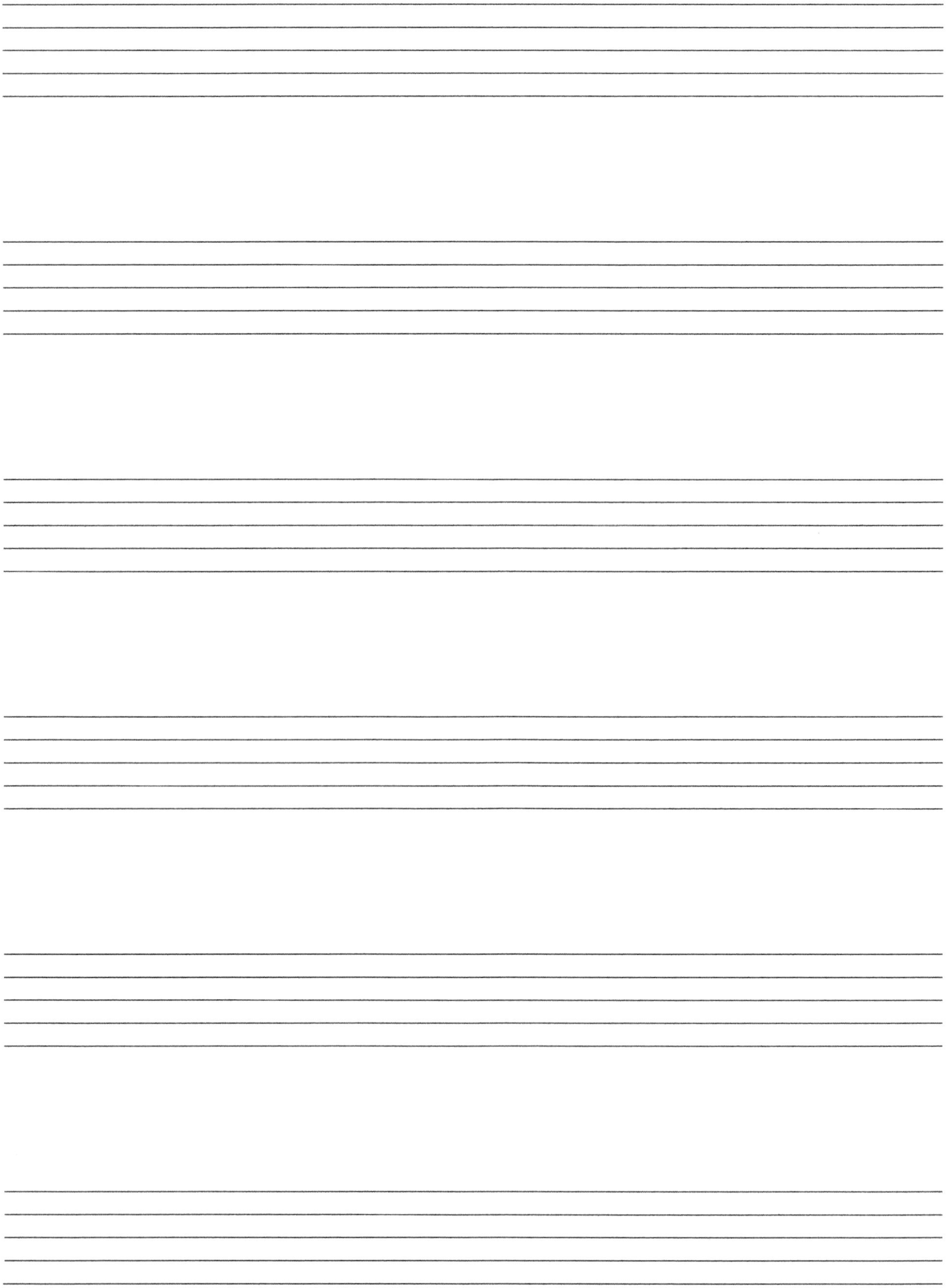

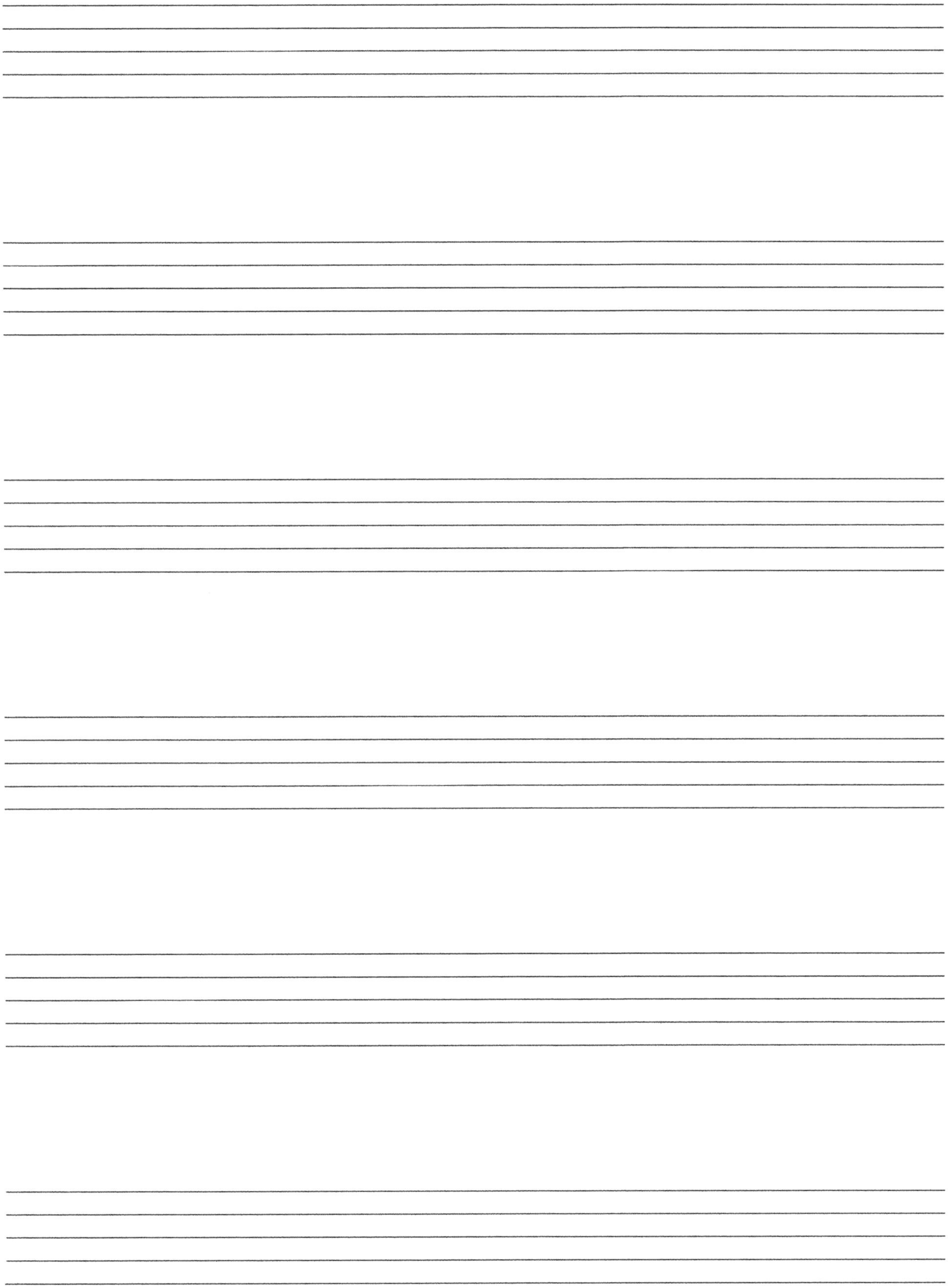

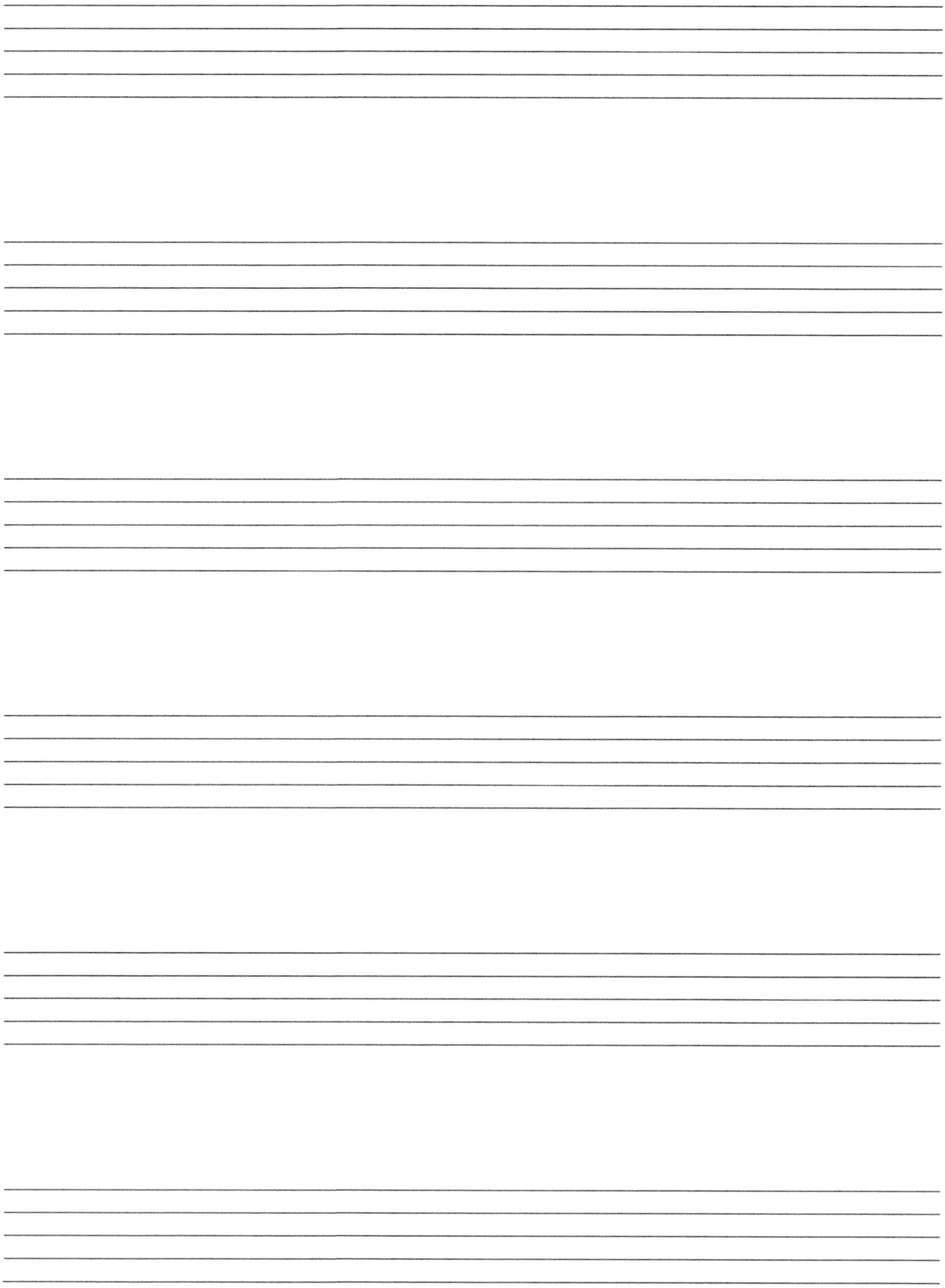

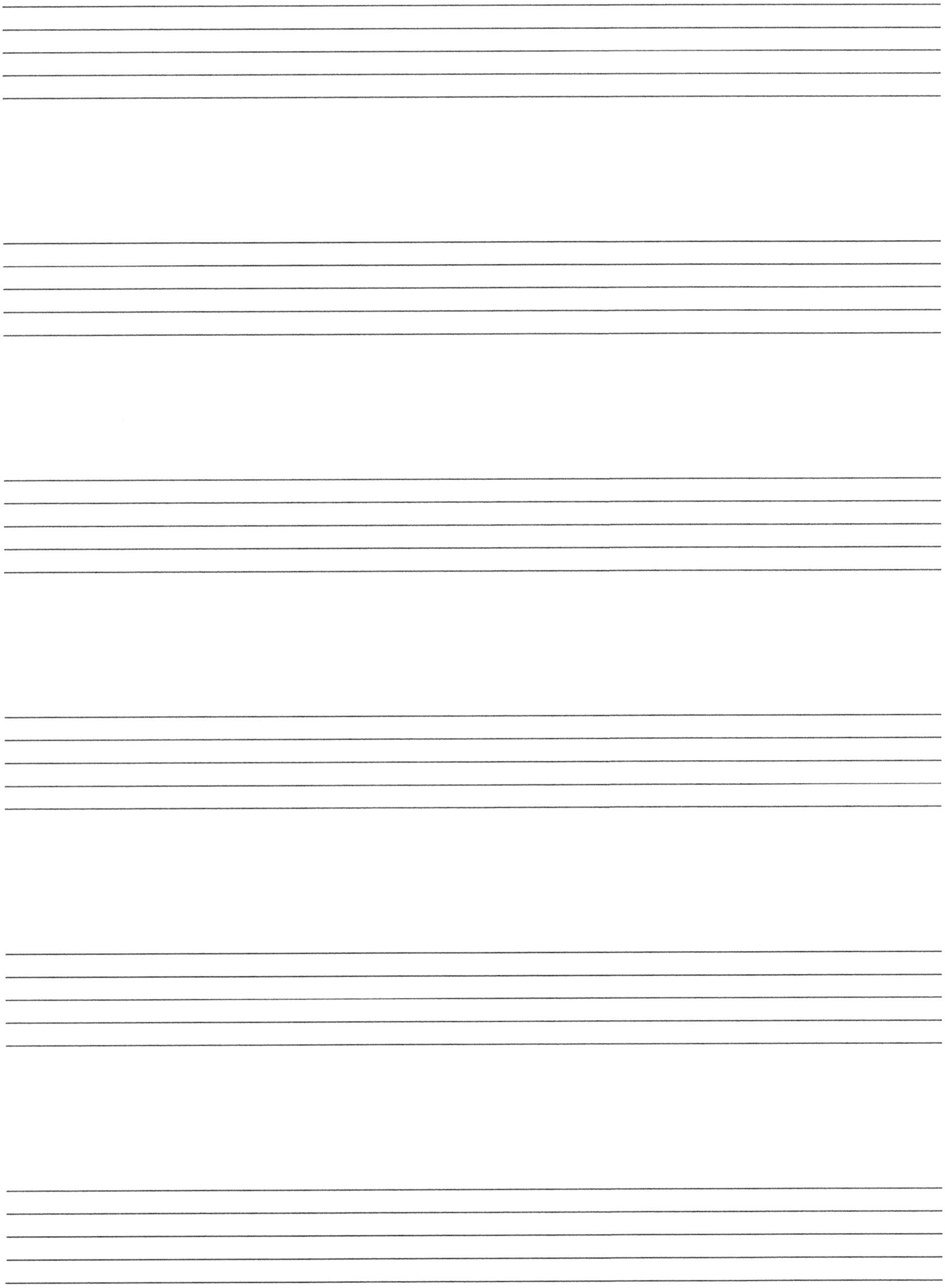

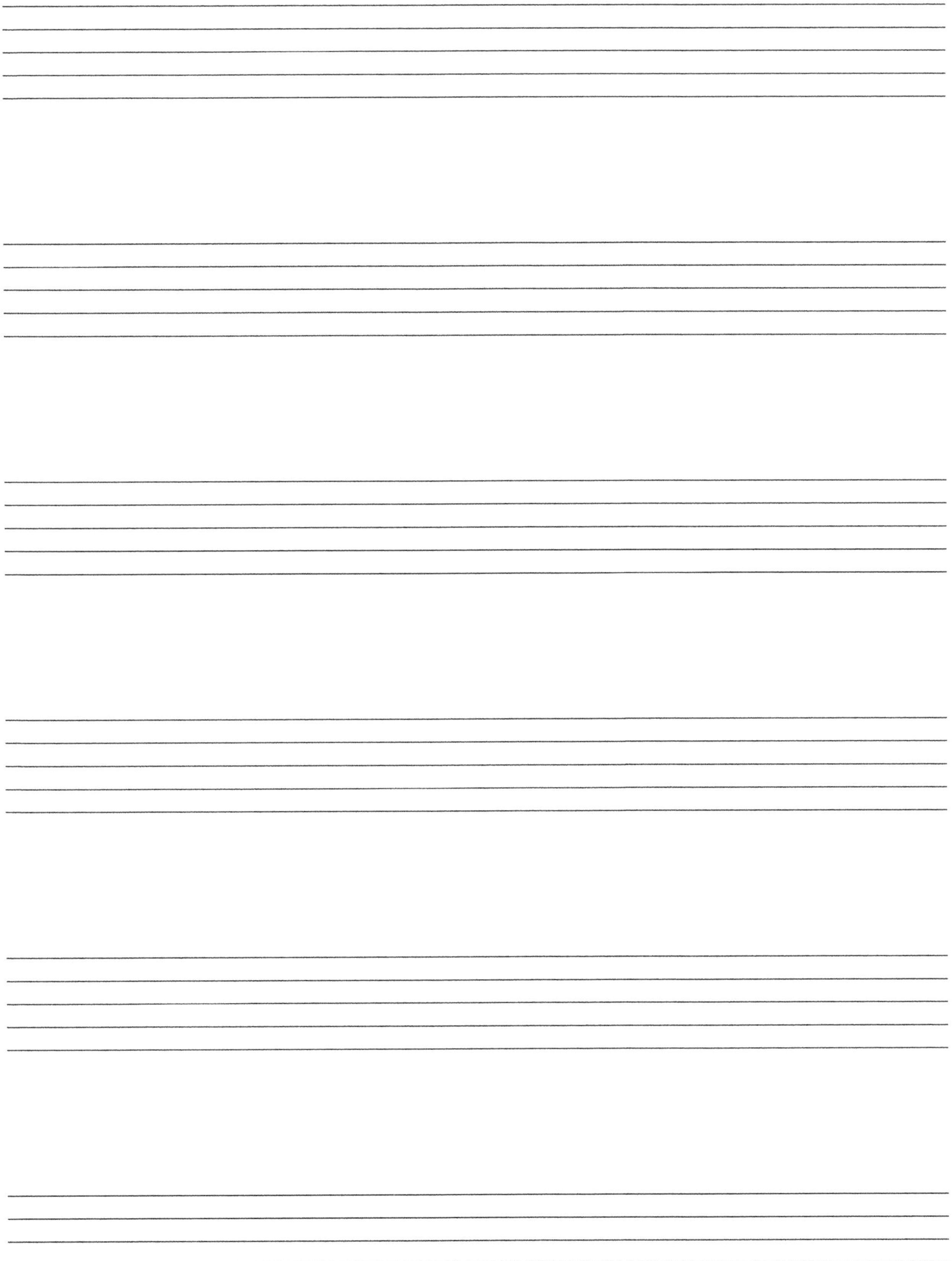

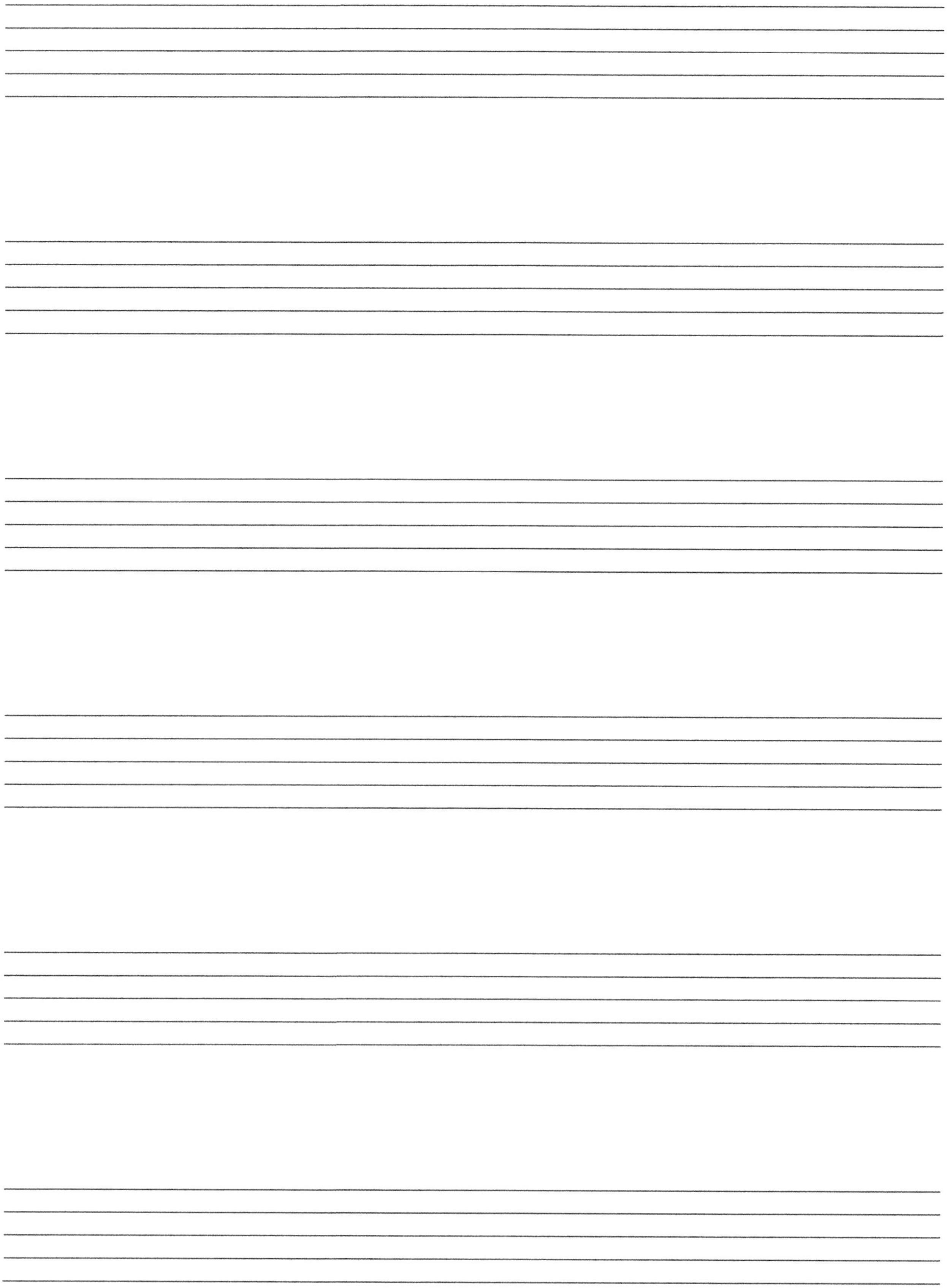

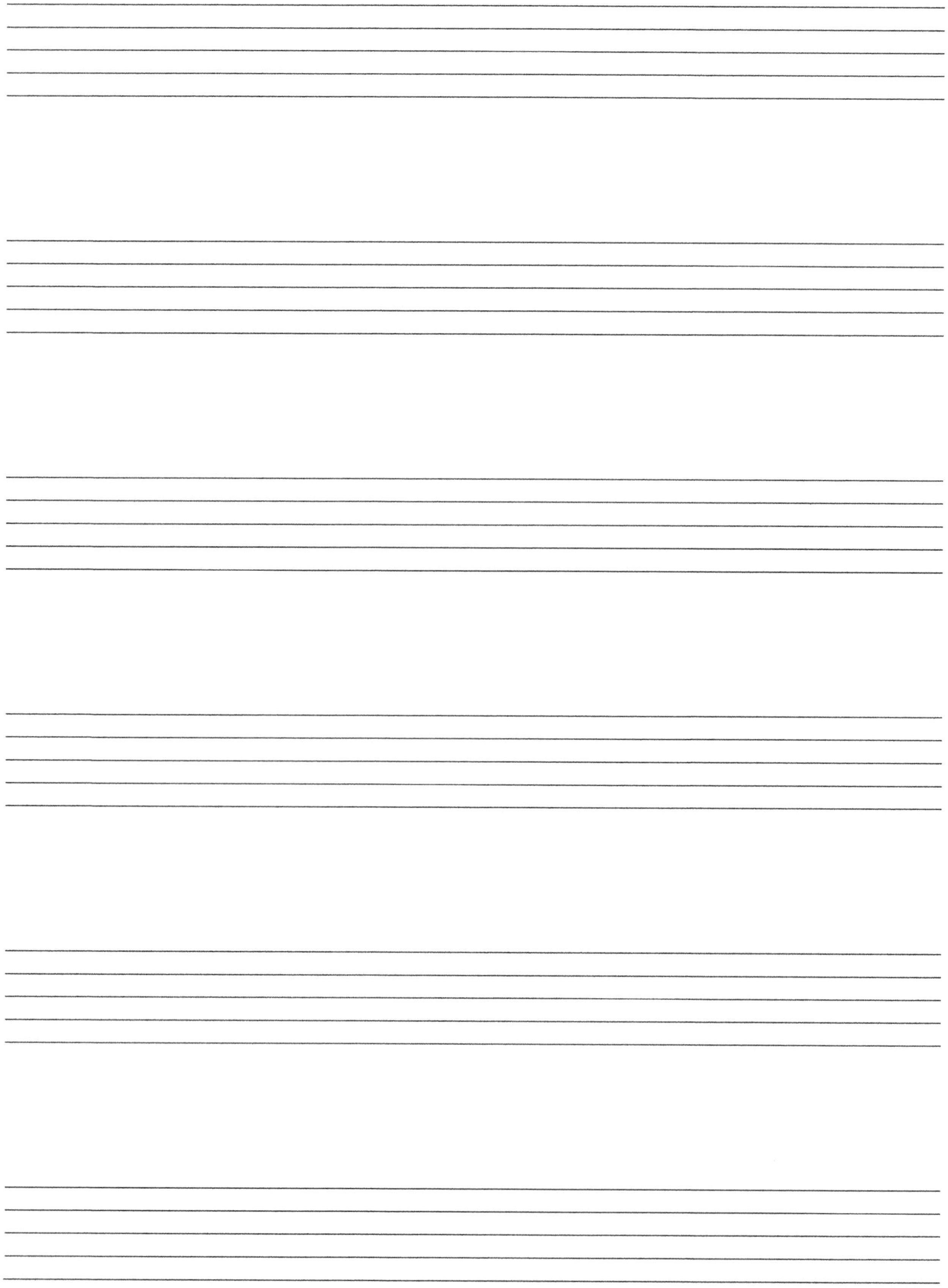

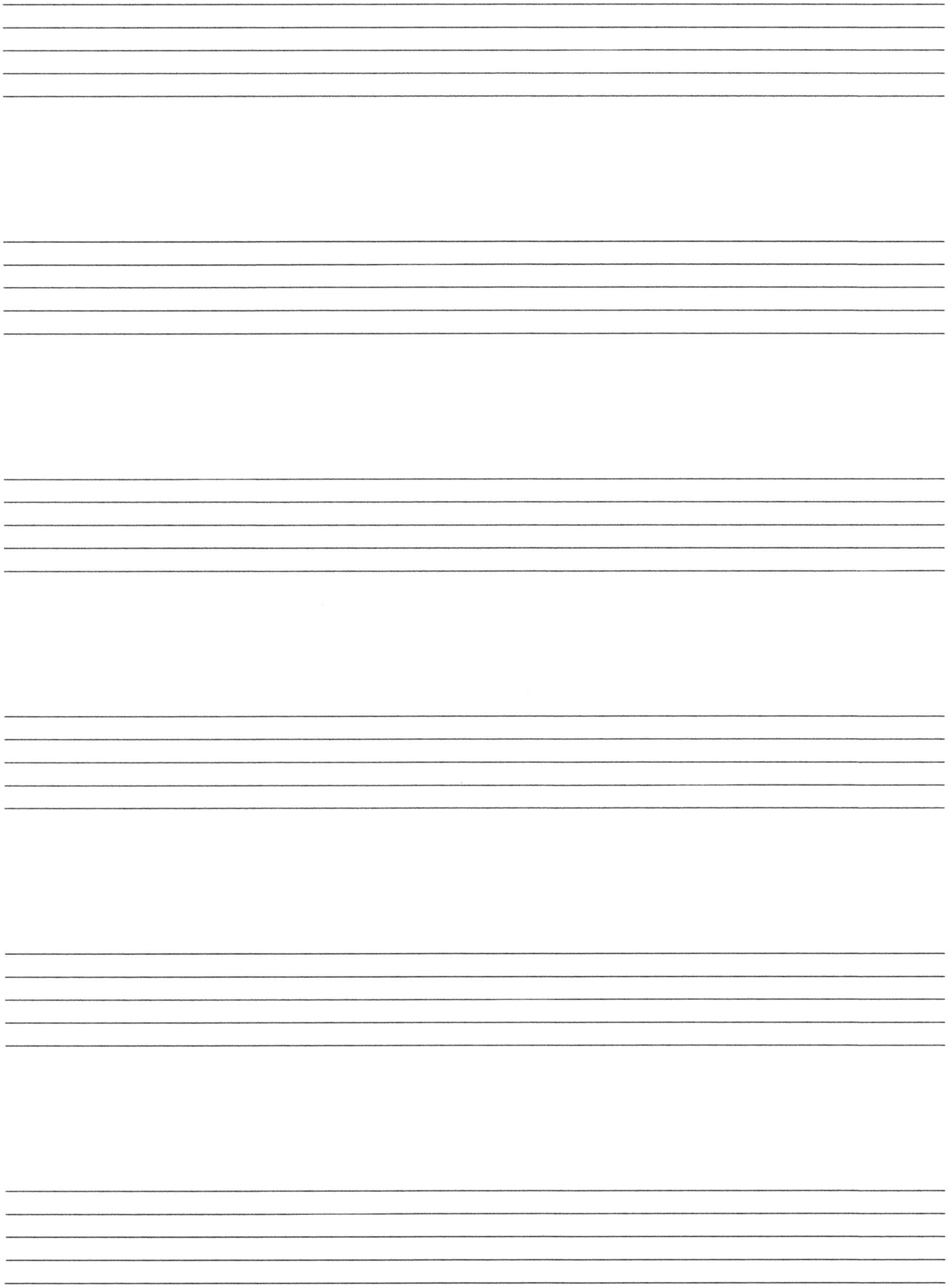

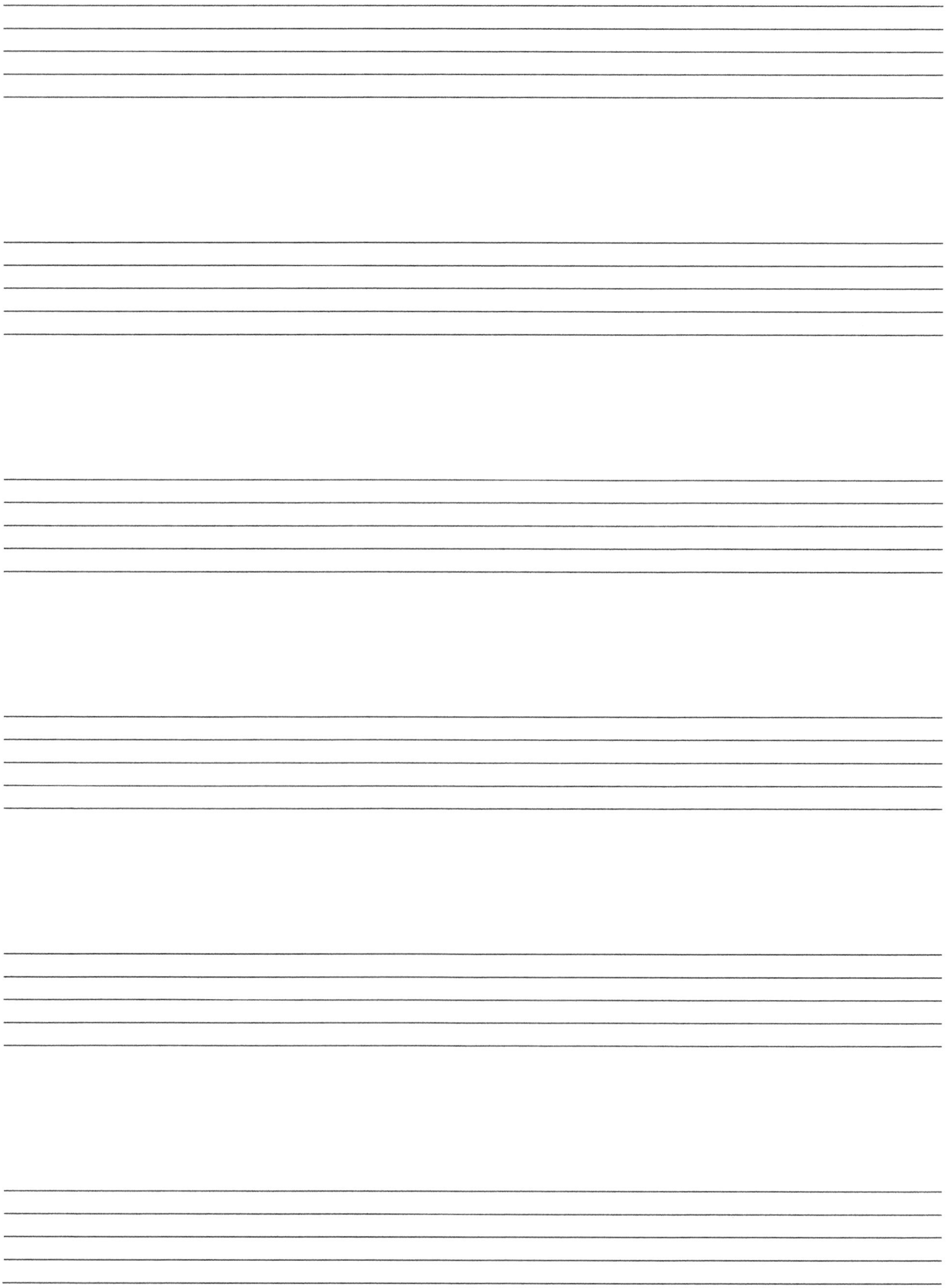

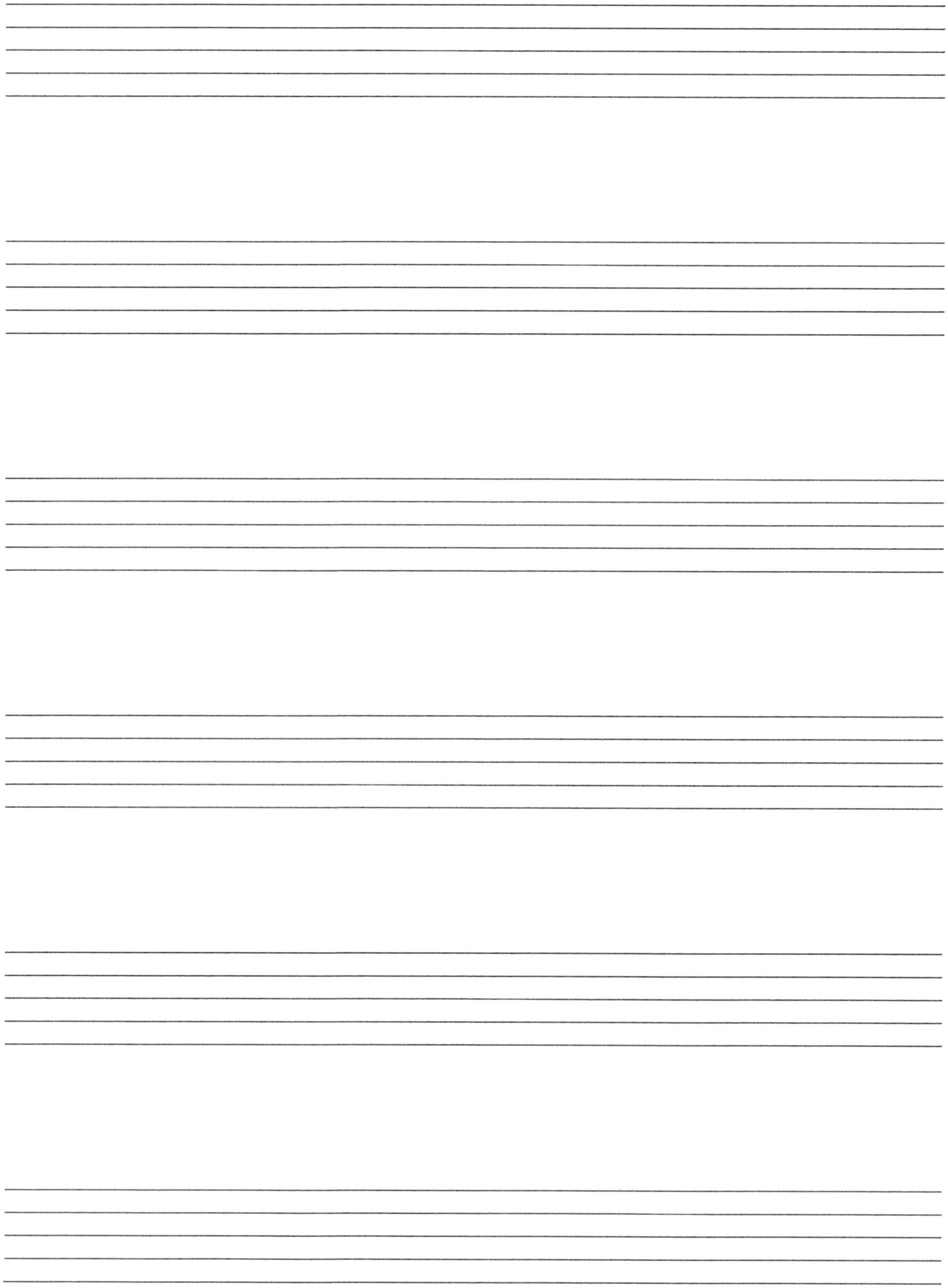

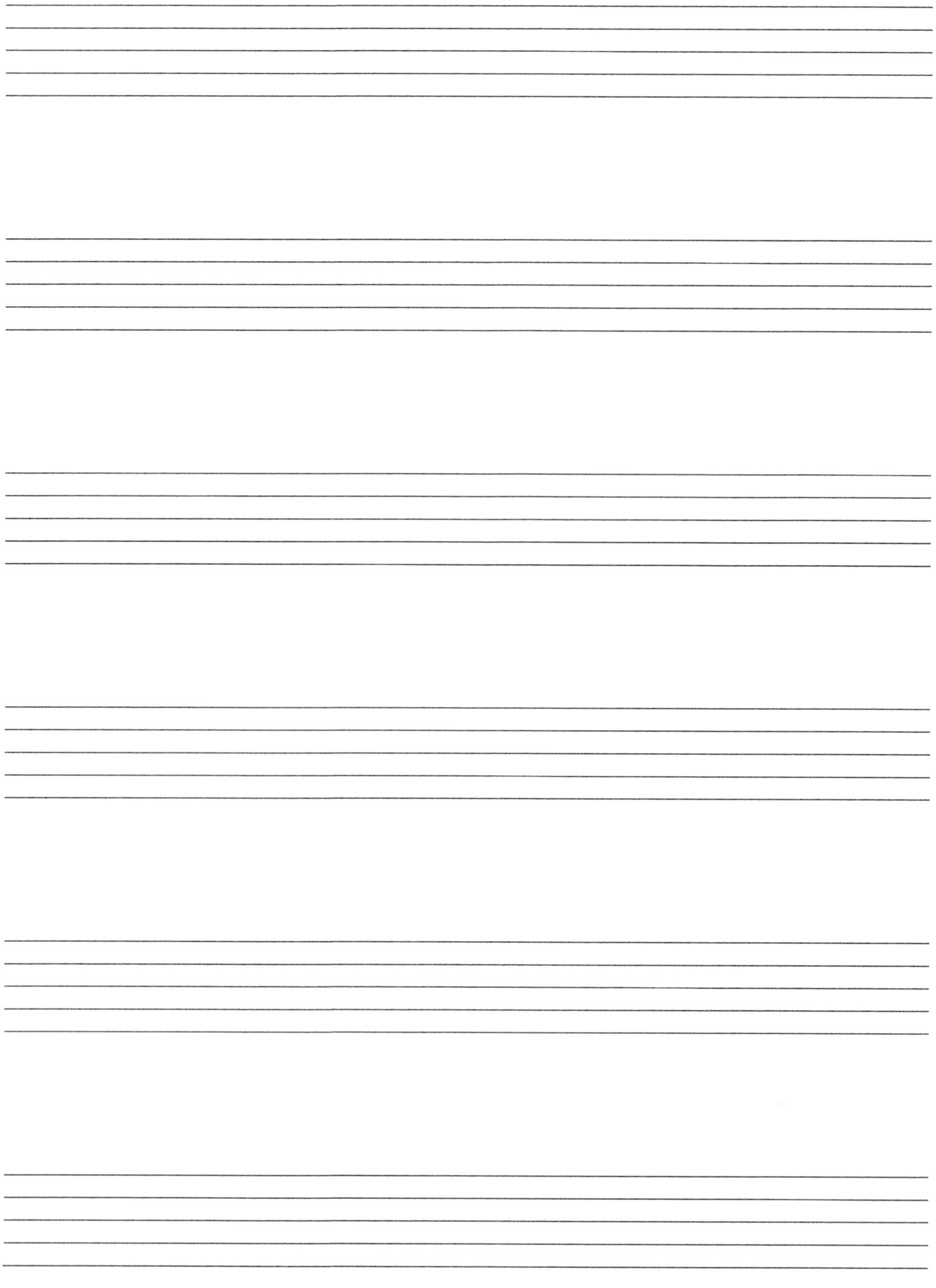

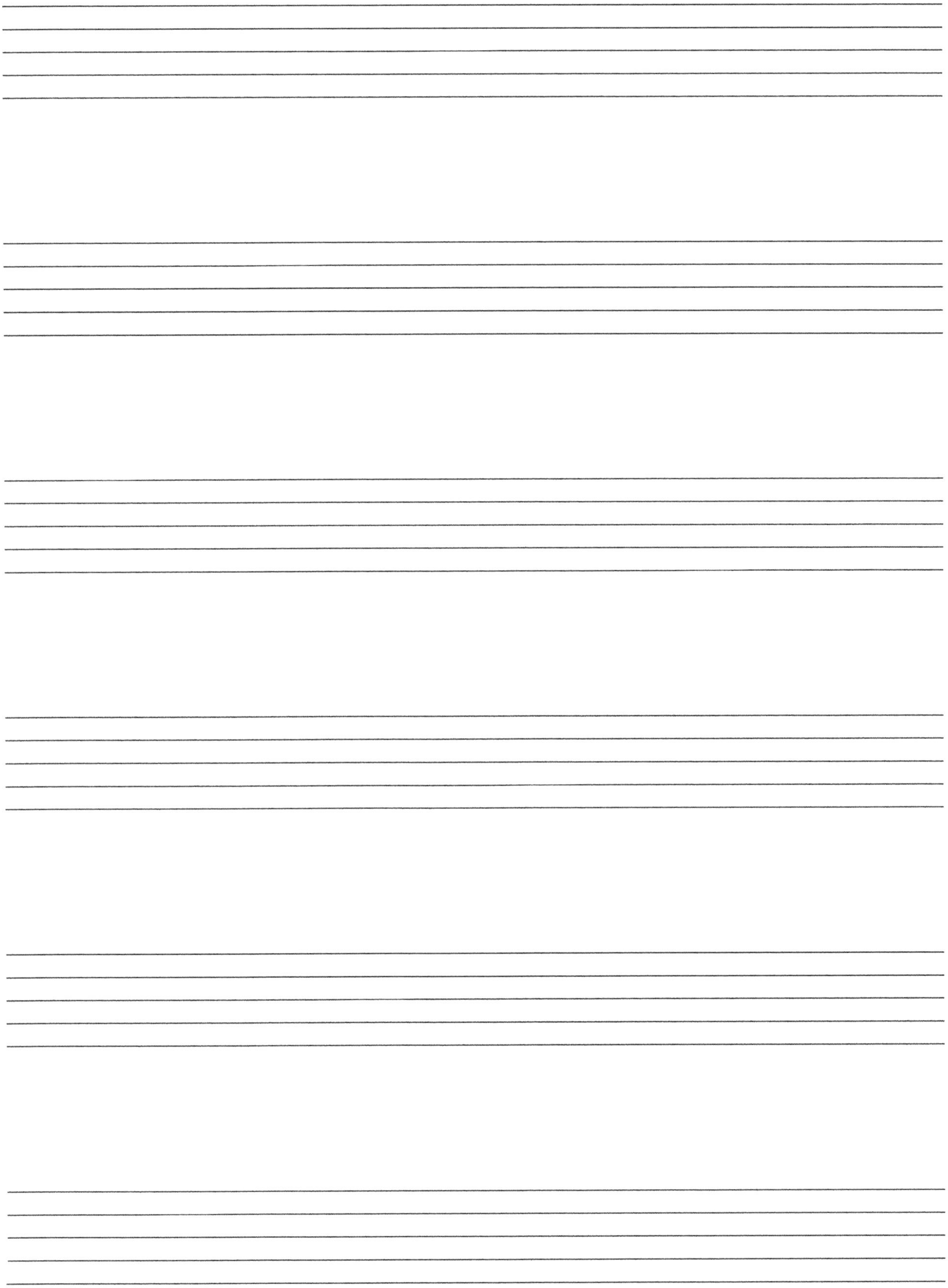

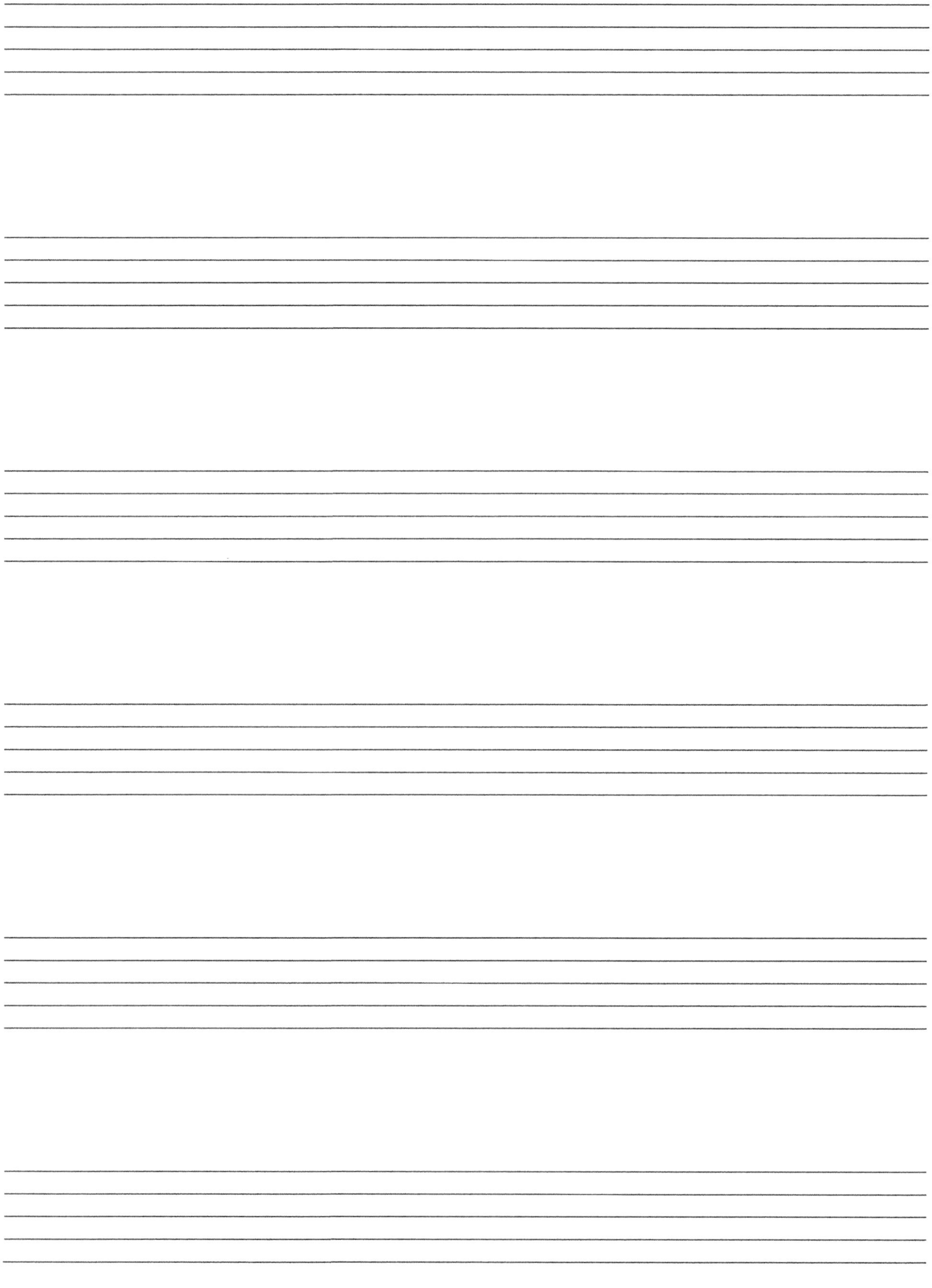

30910645R00057

Made in the USA
Middletown, DE
27 December 2018